Verena Beckmann

spielen, staunen und entdecken

Entwürfe für Gruppen im Krabbel- und Kleinkindalter

BORN-VERLAG

Die Autorin

Verena Beckmann, Jahrgang 1965, ist verheiratet und hat 3 Kinder. Mit ihrer Familie lebt sie in Schalksmühle bei Lüdenscheid. Von Beruf ist sie Hausfrau, Pfarrfrau und gelernte Bankkauffrau.

Impressum

Umschlag: Krüger & Ko., Göppingen
Satz: BORN-VERLAG / Claudia Siebert, Kassel
Druck: Westermann Druck Zwickau GmbH

ISBN 3-87092-393-8
Bestellnummer 182.393

Unser Verlagsprogramm im Internet: www.bornverlag.de

Vorwort

Das Wichtigste an der Arbeit mit kleinen Kindern ist für mich diese eine Botschaft: „Gott liebt dich!" Und die soll den Kindern auf phantasievolle Art und Weise ins Herz gelegt werden. Unsere Möglichkeiten sind sehr groß!
Ich versuche, Gottes Liebe mit Händen und Füßen, mit Augen und Ohren, mit Herz und Verstand und in den allerschönsten Farben jedem Kind auf phantasievolle Weise ins Herz zu legen. Die Kinder sollen den Glauben als etwas Schönes erfahren, positive Eindrücke aufnehmen und ihr Herz soll für Jesus gewonnen werden. Um das zu erreichen, sollten wir und die Kinder alle Sinne einsetzen, mit denen uns der Schöpfer beschenkt hat: Hände und Füße, Augen und Ohren, Herz und Verstand und unzählig viel Phantasie.
Die Entwürfe sind aus der Mini-Club-Arbeit unserer ev. Kirchengemeinde entstanden. Der Mini-Club ist eine Krabbelgruppe. Wir arbeiten also mit sehr kleinen Kindern, das Alter der Kinder liegt bei 1 Jahr bis hin zu 3 Jahren. Die Kinder haben in unserer Gruppe oft ihre erste Begegnung mit Gottes Wort. Und daher halte ich es für sehr entscheidend, wie den Kindern die frohe Botschaft begegnet, wie ihnen der Glaube vermittelt wird. Wir möchten, dass der Glaube den Kindern nicht langweilig und nüchtern begegnet, sondern spannend und interessant.
Die Entwürfe sind auch in anderen Altersgruppen oder Veranstaltungen mit Kindern einsetzbar, z.B. im Krabbelgottesdienst, im Kindergottesdienst, im Kindergarten oder in der Mini-Jungschar.

Ihre Verena Beckmann

TIPP: *Am Ende des Buches finden Sie einige Kopiervorlagen und Schablonen, die für verschiedene Lektionen verwendet werden können. Selbstverständlich ist Ihrer eigenen Phantasie keine Grenze gesetzt!*

Inhaltsverzeichnis

Grundlagen

Praxistipps

Stundenentwürfe

Gottes Liebe

Jesus

Personen

Grundlagen

Berührung mit Gottes Wort

Der geistliche Charakter eines Kindes wird sehr früh entwickelt

Der geistliche Charakter eines Kindes wird früh entwickelt und geformt. Bereits mit drei Jahren ist die Persönlichkeit des Kindes im Wesentlichen fertig. Diese Erkenntnis sollte wie eine Bombe in unser Bewusstsein einschlagen! So wichtig ist also die Arbeit mit den Allerkleinsten! Ein Kind lernt in seinem ganzen Leben nie mehr so viel in so kurzer Zeit wie in den ersten Jahren seines Lebens. Deshalb sollten die Kinder spielerisch und auf kreative Weise die Grundlagen des Glaubens vermittelt bekommen. Wir sollten ihnen Gottes frohe Botschaft nicht vorenthalten, denn gerade die ersten Lebensjahre sind für die weitere Entwicklung eines Kindes prägend und entscheidend. Während die Kinder aufwachsen, dürfen wir mithelfen und mit formen. Ist das nicht eine wundervolle, aber zugleich auch sehr verantwortungsvolle Aufgabe? Dieses Bewusstsein gibt neue Kraft und neuen Mut für die Arbeit mit den Allerkleinsten. Die Wichtigkeit der Arbeit mit ihnen wird oft unterschätzt - und vor allem werden damit die Kinder als eigene Persönlichkeiten unterschätzt. Wenn ihnen das Evangelium vermittelt wird, zeigt das unsere Wertschätzung.

Erste Berührungen mit Gottes Wort

Viele finden in unserem Kreis seit langer Zeit wieder Zugang zur Gemeinde, von der eventuellen Taufe des Kindes einmal abgesehen. Deshalb ist es wichtig, dass die Kinder und ihre Mütter den Glauben als etwas sehr Schönes erfahren. Sie sollen positive Eindrücke aufnehmen und ihr Herz soll für Jesus gewonnen werden. Sie sollen etwas Ermutigendes mit Glauben und Gemeinde verbinden und sich so wohl fühlen, dass sie unserer Gemeinde auch über diesen Kreis hinaus gern die Treue halten.

Erste Berührungen mit Gottes Wort müssen nicht die letzten sein

Ist der erste Schritt in die Gemeinderäume erstmal getan, fällt der zweite Schritt wesentlich leichter. So ein Kreis, in dem junge Eltern zusammenkommen, bietet unendlich viele Möglichkeiten, missionarisch tätig zu werden! Vorausgesetzt natürlich, man verfügt über das nötige Potenzial an fähigen Mitarbeitern. Über die Kinder erreichen wir die Eltern am leichtesten - eine bessere Brücke gibt es kaum. Ich habe zum Beispiel sehr gute Erfahrungen mit Gesprächskreisen, Bastelabenden, Familiennachmittagen und Ähnlichem gemacht, die aus der Mini-Club-Arbeit erwachsen sind. Am allerwichtigsten sind die persönlichen Beziehungen, die es ermöglichen, zu weiteren alters- und interessengerechten Veranstaltungen der Gemeinde einzuladen. Die Andacht sehe ich in einer Krabbelgruppe als einen Teil an, der auch die Eltern berühren sollte. Die Eltern lernen christliche Lieder, verstehen Gottes Botschaft und finden so vielleicht (wieder) Zugang zum Glauben. Es wäre schön, wenn wir die Herzen der Kinder und der Eltern erreichen könnten.

Mit Händen und Füßen, mit Augen und Ohren, mit Herz und Verstand

Die Entwicklung der Kinder unterstützen und fördern

In den Gruppenstunden soll den Kindern Gottes Liebe ins Herz gelegt werden. Um das zu erreichen, setzen wir alles ein, womit uns der Schöpfer beschenkt hat: Hände und Füße, Augen und Ohren, Herz und Verstand und unzählig viel Phantasie. Es ist erwiesen, dass die Kinder auf drei verschiedene Arten lernen: sehen, hören und tasten. Genau darauf sind die Gruppenstunden ausgerichtet. Bei der Auswahl der einzelnen Ideen zur Gestaltung der Gruppenstunde legen wir großen Wert darauf, dass sie altersgerecht sind. Das findet auch bei den Eltern große Zustimmung. Spielerisch werden die Fähigkeiten der Kinder gefördert und gleichzeitig wird das Thema der Gruppenstunde vertieft! Dadurch, dass die Kinder ihre bereits erworbenen Fähigkeiten einsetzen dürfen, wird ihre Person geachtet, wertgeschätzt und respektiert. Die Entwicklung der Kinder wird unterstützt, gefördert und angeregt durch: Aktionen, Basteln, Bewegungsspiele, Bilder, Fingerspiele, Fühlen und Tasten, Gebet, Lieder, Malen, Mitmachgeschichte, Musik, Nachahmungsspiele, Reigen, Rituale, Rollenspiel (Handpuppen), Segen, Spiele, Springen/Hüpfen, Symbole.

Aktionen

Die Aktionen haben mit dem Thema der Gruppenstunde zu tun und vertiefen es durch Wiederholung und durch eigene Tätigkeiten. Gemeinsame Aktionen stärken außerdem die Gemeinschaft in der Gruppe und bringen Abwechslung. Was man gemeinsam erlebt, sitzt tief.

Basteln

Mit der Bastelarbeit wird den Kindern eine bleibende Erinnerung an das Thema mit auf den Weg gegeben. Das können Symbole oder gebastelte Gegenstände aus der Geschichte sein. Sehr gut sind Bastelarbeiten, die das Kinderzimmer schmücken, indem sie zum Beispiel an die Wand gehängt werden. Sie tragen dazu bei, dass Kindern und Müttern im Alltag das Thema wieder ins Gedächtnis gerufen wird. Einige der Bastelideen werden mit einer wichtigen Botschaft für das Kind beschriftet. So eine Botschaft kann zum Beispiel lauten: Gott liebt (Name des Kindes). So wird die Botschaft dem Kind immer wieder vorgelesen.

Bei den Bastelarbeiten ist es wichtig, dass sie das Thema der Gruppenstunde vertiefen. Wichtig ist außerdem, dass die Bastelarbeiten nicht allzu viel Zeit in Anspruch nehmen. Besonders aufwendige Bastelarbeiten sollten ganz oder teilweise vorbereitet werden. Man kann Mütter bitten, beim Vorbereiten zu helfen. Manchmal lässt sich das Material den Müttern oder Vätern mit nach Hause geben, damit sie dort in Ruhe alles vorbereiten können.

Falls die Bastelarbeiten mit Farbe verbunden sind oder die Kleidung beschmutzen könnten, sollten die Kinder etwas zum Schutz überziehen. Das können alte Oberhemden sein, bei denen wir die Ärmel kürzen und sie verkehrt herum anziehen, so dass sie hinten zugeknöpft werden. Damit jederzeit darauf zurückgegriffen werden kann, kann man die Malkleidung im Gemeindehaus aufbewahren. Falls dies nicht möglich ist, ist im Programm zu vermerken, dass alte Kleidung mitgebracht werden soll.

Sofern der Besucherkreis relativ konstant ist, kann man für fehlende Teilnehmer die Bastelarbeit mitbasteln. Das ist eine sehr schöne Geste, die zusätzlich die Gemeinschaft stärkt.

Bewegungsspiele

Beim Bewegungsspiel sollen die Kinder wichtige Aussagen durch Gesten und Bewegungen verstehen lernen. Dabei werden wesentliche Aussagen aufgegriffen, auf den Punkt gebracht und mit Gesten und

Bewegungen unterstützt. Bei den Bewegungsspielen ist es wichtig, dass die Sätze kurz, einfach, aber dennoch sehr aussagekräftig sind. Es ist ratsam, Mitmachgeschichten und Bewegungsspiele mindestens ein Mal zu wiederholen, denn beim ersten Mal sind die meisten Kinder oft nur Zuschauer. Wird das Spiel wiederholt, tauen sie auf und haben großen Spaß dabei, die Gesten und Bewegungen nun selbst auszuführen.

Fingerspiele
Mit den Fingerspielen stellen wir uns in kreativer Weise auf die allerkleinsten Teilnehmer ein und vermitteln ihnen spielerisch die biblische Geschichte. Die gesamte biblische Geschichte als Fingerspiel darzustellen ist in der Regel nicht möglich, daher wird in den meisten Fällen nur ein Teil der Geschichte als Fingerspiel ausgewählt.
Bei den angegebenen Bewegungen der Bewegungs- und Fingerspiele handelt es sich lediglich um Vorschläge, vielleicht kommt jemand auf eigene Ideen und entwickelt eigene Fingerspiele oder variiert die vorgeschlagenen. Es ist sinnvoll, den Müttern von den Bewegungs- und Fingerspielen von Zeit zu Zeit Kopien mit nach Hause zu geben, damit diese auch dort mit den Kindern gespielt werden können.

Fühlen und Tasten
Alles, was die Kinder über die Haut erfahren, trägt dazu bei, dass die Sinne aktiviert werden. Außerdem lernen Kinder so die Unterschiede der einzelnen Gegenstände kennen.

Gebet
Die große und verändernde Kraft des Gebets sollten wir nicht unterschätzen. Im Gebet vertrauen wir Gott die Gruppenstunde an und bitten ihn um seine Hilfe. Gott lässt uns nie allein - das hat er fest versprochen. Wir können für die Kinder und ihre Mütter beten und Gott darum bitten, dass seine frohe Botschaft ihre Herzen erreicht. Beim Gebet in der Gruppenstunde erleben die Kinder, dass man mit Gott reden kann. Die Vorschläge können ergänzt werden durch ein spontanes Gebet, zum Beispiel für ein krankes Kind aus der Gruppe.

Lieder
Lieder prägen und wirken durch ihren Text, ihre Melodie und durch

die Bewegungen, die die Kinder dazu ausführen. Wir sind uns der prägenden Wirkung von Liedern bewusst und durch Bewegungslieder kann diese Wirkung noch verstärkt werden. Lieder spiegeln die Wahrheit der Bibel wider und verkündigen Gottes frohe Botschaft. Kinder lernen schnell und Reime erleichtern das Lernen. Durch Lieder singen wir den Kindern die frohe Botschaft ins Herz.
Dieses Werkbuch enthält eine große Anzahl von selbst geschriebenen Texten zu bekannten Melodien. Diese Lieder sind besonders da sehr hilfreich, wo christliche Kinderlieder unbekannt sind. Viele der Lieder erzählen die biblische Geschichte nach und vertiefen so das Thema. Lieder sind außerdem eine sehr schöne Gelegenheit, auch den Müttern die frohe Botschaft ins Herz zu singen.
Aus den aufgeführten Liedvorschlägen soll jeder selbst entscheiden, welche Liedauswahl er trifft. Um das Erlernen der Lieder der Gruppe zu erleichtern, kann man durchaus eine CD zur Unterstützung nehmen. Viele der Lieder wiederholen sich in den einzelnen Gruppenstunden. Auch dies trägt zum besseren Erlernen der Lieder bei.

Malen
Durch Malen und Basteln wird die Kreativität der Kinder gefördert und die Phantasie angeregt. Malen lässt sich mit Stiften, Farbe und draußen mit Kreide.

Mitmachgeschichte
Durch Gesten und Bewegungen lässt sich viel zum Ausdruck bringen. Es gibt so viele Gesten, die bereits schon sehr kleine Kinder beherrschen und verstehen. Genau darauf sind die Mitmachgeschichten ausgerichtet. Ein Kind behält und lernt Dinge, die es selbst ausführt und zusätzlich noch hört, wesentlich besser und intensiver. Außerdem sind die Kinder viel konzentrierter, wenn sie selbst mit in die Geschichte eingebunden sind.
Aus fast allen biblischen Geschichten lassen sich Mitmachgeschichten erstellen. Wichtig ist, dass der biblische Inhalt erhalten bleibt bzw. nicht zu stark ausgeschmückt wird. Die Kinder haben großen Spaß dabei, die Geschichte nachzuspielen. Besonders gern sehen sie dabei zu, wie auch die Mütter die Geschichte mitspielen, was bei sehr kleinen Kindern oft der Fall sein wird. Es ist ratsam, Mitmachgeschichten und Bewegungsspiele mindestens ein Mal zu wiederho-

len. Beim ersten Mal sind viele Kinder nur Zuschauer, beim zweiten Mal tauen sie auf und werden mutiger.

Musik
Kinder sind schon früh empfänglich für Musik. Sie bewegen sich danach, lernen Texte oder einzelne Worte daraus. Es ist gut, wenn sich Melodien und auch Texte wiederholen, wenn sie den Kindern vertraut sind. Viele der selbst geschriebenen Lieder benutzen die gleiche, bereits vertraute Melodie.

Reigen
Der Reigen fördert die rhythmische Bewegung nach Musik. So wird deutlich, dass der Glaube etwas Fröhliches ist und Spaß macht: Weil Gott uns liebt, können wir vor Freude tanzen, springen und singen.

Rituale
Kinder brauchen vertraute Abläufe, sei es beim Zubett gehen oder beim Aufstehen. Sie helfen ihnen, das Leben zu strukturieren. Deshalb ist es wichtig, dass die Gottesdienste stets eine vergleichbare Struktur haben, dann können sich die Kinder besser auf den Ablauf einstellen und konzentrierter folgen. Und sie wissen, wann Schluss ist und sie toben dürfen.

Rollenspiel mit Handpuppen
In den Stundenentwürfen ist als inhaltlicher Schwerpunkt stets das Rollenspiel eingesetzt. Auf kreative Weise wird so die biblische Geschichte erzählt oder das Thema erläutert. Die ganz kleinen Kinder verstehen zwar nur sehr wenig vom Rollenspiel, aber sie spüren die positive Atmosphäre, freuen sich an der witzigen Figur und hören in der Regel gut und aufmerksam zu. Die Kinder lieben es geradezu, wenn man ihnen mit der Handpuppe etwas vorspielt, und warten oft ungeduldig, bis die Puppe endlich erscheint. Damit die Kinder nicht allzu unruhig werden, dauern die Rollenspiele nur wenige Minuten, haben aber eine klare Aussage. Dabei ist mir sehr wichtig, dass der biblische Inhalt bleibt. Wir brauchen keine Bedenken haben, dass wir mit biblischen Geschichten und dem Evangelium die Leute vergraulen. Die Liebe Gottes ist die beste Botschaft der Welt. Die Aussage des Rollenspiels wird durch andere Programmpunkte verstärkt.

Im Rollenspiel selbst kann zusätzlich ein Symbol oder ein Gegenstand (z.B. ein Kreuz mit einem Herz, ein Gebetswürfel usw.) eingeführt werden, um die Aussage zu verstärken.
Für die Rollenspiele benutze ich eine Klappmaulpuppe. Es kann aber auch jede andere Hand- oder Stabpuppe eingesetzt werden, angefangen habe ich z.B. mit Kasperlefiguren. Bastelanleitungen dazu finden sich unter Praxistipps (siehe Seite 15).
Einige der Rollenspiele sind für eine Handpuppe und einen Sprecher, andere dagegen sind nur für Handpuppen geschrieben.

Segen
Segnen heißt, dem anderen die Güte Gottes zu sagen. Weil Kinder in einer Welt mit vielen Gefahren leben, entlassen wir sie mit der Bitte um Gottes Begleitung und Schutz, dem Segen. Der Segen kann in allen Gottesdiensten gleich sein, um als Abschlussritual erkennbar zu sein.

Spiele
Die Spielideen vertiefen das Thema der Gruppenstunde und sollen den Kindern einfach Spaß bereiten. Sie sind ein wichtiger Teil lebendiger Kinderarbeit. Anregungen aus Spielebüchern lassen sich leicht oft einfach thematisch füllen.

Symbole und Bilder
Bilder und Symbole vereinfachen, dadurch können die Kinder das Thema besser verstehen und erfassen. Sie prägen sich ein und sprechen ihre eigene Sprache. Ein Bild sagt in unserer visuell geprägten Mediengesellschaft mehr als tausend Worte. Außerdem sind die Kinder durch Bilderbücher bereits früh das Betrachten von Bildern gewohnt.

Ein breit gefächertes Angebot

Die Altersspanne
So unterschiedlich wie das Alter der Kinder in den einzelnen Gruppen und Kreisen der Mutter-Kind-Arbeit, so unterschiedlich ist auch das Angebot dieses Werkbuchs. Viele der Spielideen, Bastelvorschläge und Bewegungsspiele sind absichtlich für eine große Altersspanne geeignet. Außerdem enthalten die einzelnen Gruppenstunden-

entwürfe ein vielfältiges Angebot an Vorschlägen und Ideen, aus dem jeder auswählen kann, was für seine Gruppe und deren Zusammensetzung am sinnvollsten erscheint. Wichtig ist, dass wir akzeptieren, dass sich Kinder unterschiedlich schnell entwickeln. Also bitte keine ständigen Vergleiche! Falls die Altersspanne in der Gruppe sehr groß ist, was bei Krabbelgruppen häufig der Fall ist, sollten wir darauf achten, dass keine Altersgruppe benachteiligt oder übervorteilt wird. Ist in einer Gruppe das Alter der Kinder sehr unterschiedlich, sollte im Programm natürlich für jedes Alter etwas vorkommen.

Jede Gruppenstunde bildet eine Einheit

Jede Gruppenstunde bildet eine Einheit, sämtliche Programmpunkte gehören thematisch zusammen. So besteht eine Gruppenstunde aus vielen kleinen Puzzleteilen. Jedes Teil ist völlig anders, das Rollenspiel, die Mitmach- oder Bewegungsgeschichte, die Spielideen, die Bastelarbeiten, die Aktionen und Lieder. Viele Entwürfe enthalten auch selbst geschriebene Lieder, Gedichte oder Reigen. Auf keinen Fall müssen alle Vorschläge ausgeführt werden. Das Puzzle leidet nicht, wenn ein Teil weggelassen wird. Aus den Vorschlägen wird das ausgewählt, was für die jeweilige Gruppe passt. Und besser wenige Dinge mit Liebe und der nötigen Ruhe ausgeführt, als ein überfülltes Programm, das im Chaos endet. Vielleicht bietet es sich in einigen Kreisen an, Gruppen zu bilden. Das eine Kind bastelt vielleicht lieber und nimmt auf diese Weise etwas von dem auf, was wir vermitteln wollen, das andere Kind spielt vielleicht lieber und lernt so.

Die Gestaltung einer Themenreihe

Bei den meisten Themen halte ich es für ratsam und sinnvoll, mehrere Gruppenstunden daraus zu gestalten. Die angegebenen Vorschläge reichen bei den meisten Themen auf jeden Fall für zwei Gruppenstunden. So könnten wir z.B. in der einen Stunde ein Rollenspiel und eine Spielidee einsetzen. In der nächsten Stunde greifen wir das Thema durch eine Mitmach- oder Bewegungsgeschichte auf und bieten eine Bastelarbeit an. Das hat den großen Vorteil, dass sich Thema und Lieder besser einprägen. Keine Angst, den Kindern wird es nicht langweilig! Wenn wir bedenken, wie oft wir mit den Kindern das gleiche Bilderbuch anschauen, dann kann es in der Gruppenstunde gar nicht langweilig werden.

Praxistipps

Handpuppen für das Rollenspiel

Grundsätzliches

Handpuppen sind bei den Kindern sehr beliebt. Welche Handpuppe man auch wählt, die Kinder sind begeistert. Wir sollten allerdings die Puppe so gestalten, dass ihre Erscheinung freundlich ist. Es ist wichtig, dass die Kinder Kontakt mit der Puppe aufnehmen, bevor das Rollenspiel beginnt. Eventuelle Unsicherheiten werden so aufgefangen und die Kinder können sich besser auf das Rollenspiel konzentrieren. Vielleicht möchten einige Kinder der Puppe noch etwas sagen oder ihr eine Frage stellen. Auch das sollte möglichst in dieser Anwärmphase geschehen. Gerade bei neuen Kindern ist es gut, wenn sie zuerst einmal Kontakt mit der Puppe aufnehmen und sich mit ihr vertraut machen. So dürfen die Kinder der Puppe z.B. die Hand geben und sie anfassen.
Niemals darf die Puppe von den Kindern selbst gespielt werden, denn sobald sie mit der Puppe spielen dürfen, nehmen wir ihnen die Illusion. Wir sollten daher unsere Handpuppe in einem Beutel oder Koffer aufbewahren und nur zum Rollenspiel hervorholen.
Handpuppen können auf verschiedene Arten mit einfachen Mitteln kostengünstig hergestellt werden. Obwohl es auch Bücher mit Bastelvorschlägen für Hand- oder Stabpuppen gibt, werden einige Möglichkeiten hier aufgeführt.

Die Stabpuppe

Um eine Stabpuppe herzustellen, werden ein Kochlöffel oder ein Holzstab und eine Kugel (für den Kopf) benötigt. Für das Gewand wird ein Stück Stoff mit Wolle um den Stab gebunden. Augen, Nase und Mund können aus Filzresten aufgeklebt oder mit einem wasserfesten Stift aufgemalt werden. Die Haare werden entweder aus Filz- oder Wollresten aufgeklebt. Seitlich nähen wir eine Perle als Hand auf den Stoff, an die wir einen dünnen Stab locker befestigen. Mit Hilfe dieses Stabes kann die Puppe bewegt werden. Das verleiht ihr höhere Ausdruckskraft. Anstelle der Perle kann man den Stoff seitlich auch mit Wollresten umwickeln. An der so entstandenen Hand wird ein Band befestigt, mit dessen Hilfe die Hand der Puppe bewegt werden kann.

Die Sockenpuppe

Sockenpuppen eignen sich ausgezeichnet für das Puppenspiel, da sie eng anliegen und so nicht verrutschen können. Augen, Nase und Mund werden aus Filzresten mit Hilfe einer Heißklebepistole aufgeklebt oder aufgenäht. Für Augen und Nase lassen sich auch Knöpfe oder Perlen aufnähen oder aufsticken. Die Haare werden entweder aus Filzresten aufgeklebt oder aus Wollresten aufgenäht. Nun können wir aus Filz eine Mütze oder einen Hut ausschneiden und aufkleben. Mädchen erhalten eine große Schleife im Haar oder am Hals, Jungen ein witziges Halstuch. Zum Schluss näht man noch ein kleines Glöckchen auf, fertig ist die Sockenpuppe.

Die Waschlappenpuppe

Anstelle eines Sockens lässt sich die Puppe auch aus einem Waschhandschuh herstellen. Die Waschlappenpuppe wird nach der Bastelanleitung der Sockenpuppe fertig gestellt.

Die Waschlappenpuppe mit Gewand

Die Waschlappenpuppe hat den großen Vorteil, dass man ihr zusätzlich ein Gewand annähen kann. Dazu benötigt man entweder ein Geschirrhandtuch oder ein Stück Stoff in der Größe eines Geschirrhandtuchs. Dann wird das Tuch der Länge nach gefaltet und in die Tuchmitte ein Loch geschnitten, durch das die Hand des Spielers hindurch passt. Danach wird das Geschirrtuch ca. 10 cm weit in den Waschhandschuh hineingeschoben und so an den Waschhandschuh festgenäht. Seitlich nähen wir eine Holzkugel als Hand auf den Stoff, an die wir nun einen Stab locker befestigen, um die Puppe bewegen zu können. Anstelle der Holzkugel können wir den Stoff seitlich auch mit Wollresten umwickeln. An der so entstandenen Hand befestigen wir ein Band, mit dessen Hilfe wir die Puppe nun bewegen können. Auf das Gewand lassen sich zusätzlich Taschen und Knöpfe aufnähen.

Die Tütenpuppe

Die Tütenpuppe wird aus einer Obsttüte hergestellt. Das Gesicht wird mit Filzstiften aufgemalt oder aus Filzresten aufgeklebt. Für die Nase wird ein kleiner Kreis ausgeschnitten, durch den der Zeigefinger hindurch passt. Die Haare werden aus Filz oder Wolle aufgeklebt. Unterhalb des Gesichts wird die Puppe mit vielen bunten Filzresten beklebt. Beim Puppenspiel wird ein Finger als Nase durch den Kreis gesteckt.

Die besondere Handpuppe

Die Herstellung der besonderen Handpuppe ist etwas aufwändiger, lässt aber viele Ausdrucksmöglichkeiten zu.

Für den Kopf wird ein hautfarbener Seidenstrumpf oder eine Socke benötigt. Daraus wird ein ca. 14 cm langer Schlauch geschnitten, der am oberen Ende mit Wolle zugebunden und dann mit Füllwatte ausgestopft wird. Damit beim Spielen ein Finger in den Puppenkopf gesteckt werden kann, schiebt man ein Plastik- oder Pappröhrchen von ca. 10 cm Länge durch das untere Ende des Kopfes. Solche Röhrchen sind im Fachhandel erhältlich. Danach wird das untere Ende um das Röhrchen herum mit Hilfe von Wollfäden zugebunden. Augen, Nase und Mund werden aus Filzresten mit einer Heißklebepistole aufgeklebt. Die Haare werden am besten mit Wollresten aufgenäht. Einem Mädchen lassen sich Zöpfe flechten. Eventuell erhält die Puppe nun eine Haarschleife, ein Kopftuch oder eine Mütze aus Filz- oder Stoffresten.

Das Gewand wird nach dem abgebildeten Schnittmuster zweimal mit 1 cm Nahtzugabe zugeschnitten und zusammengenäht.

Schnittmuster an der gestrichelten Linie spiegeln. Gewand 2 x ausschneiden (Vorder-/Rückseite).

Am Halsausschnitt wird ein Tunnel genäht, durch den sich ein Gummiband ziehen lässt. Dann wird der Kopf an den Halsausschnitt genäht.
Nun erhält die Handpuppe noch das gewisse Etwas, indem Knöpfe und Taschen aufgenäht werden, sie ein Tuch oder einen Schal umgebunden bekommt oder mit einer großen Schleife ihr Hals geschmückt wird.

Gebete für die Gruppenstunde

Guter Gott,
wir stehen vor dir,
Kinder, Mütter, alle hier.
Wir danken dir für diesen Tag
und bitten dich, dass er uns Gutes bringen mag.

Guter Gott,
wenn wir gleich singen, toben, lachen
und vielleicht auch Blödsinn machen,
sei bei uns in dieser Runde
und schenke uns eine schöne Stunde.

Guter Gott,
wir haben uns auf diese Zeit
die ganze Woche schon gefreut.
Wir bitten dich, uns zu begleiten,
und hilf, dass wir nicht zanken und streiten.

Guter Gott,
bitte schenk uns Freude bei all den Sachen,
die wir in dieser Stunde machen.
Wir danken dir, denn du bist da,
und das ist für uns ganz wunderbar.

Guter Gott,
schenk du uns gleich beim Spielen viel Spaß –
wir bitten dich, dass du uns auch bewahrst.

Guter Gott,
sei bitte bei denen, die heute krank sind,
und mach du sie bitte gesund ganz geschwind.

Guter Gott,
wir danken dir für Spiel und Spaß
und bitten, dass du uns auf dem Heimweg bewahrst.
Behüte du uns jeden Tag,
dass uns nichts Schlimmes passieren mag.

Guter Gott,
wir hatten heute sehr viel Spaß
beim Singen, Toben, Lachen
und sogar beim Blödsinnmachen.
Wir danken dir für diese Runde,
wir hatten eine schöne Stunde.

Guter Gott,
wenn wir jetzt auseinander gehen,
werden wir uns lange nicht mehr sehen.
Vielleicht fahren einige sogar fort,
behüte sie an jedem Ort.
Gehe mit uns in die Ferienzeit –
schenke uns Spaß und ganz viel Freud.

Guter Gott,
wie wunderbar,
wenn wir gleich singen, lachen, toben,
dann bist du uns ganz nah
und nicht im Himmel oben.
Schenke uns Spaß in dieser Runde,
schenke uns eine schöne Stunde.

Guter Gott,
wir bitten dich, bewahr uns nun
bei allem, was wir heute tun.
Schenke du uns eine schöne Zeit –
bei Spiel und Spaß die rechte Freud.

Wir feiern Geburtstag

Gebete und gute Wünsche für das Geburtstagskind

Seit einiger Zeit schon leuchtest du auf dieser Welt
als kleiner Stern - wir alle haben dich sehr gern.
Wir freuen uns, dass es dich, kleine(n) *(Name des Kindes)*, gibt
und danken Gott, dass er dich liebt.

Gott möge dir, kleine(r) *(Name des Kindes)*,
ein fröhliches Herz geben.
Gott möge dich beschützen dein ganzes Leben lang.
Gott sei stets bei dir!

Wir wünschen dir, kleine(r) *(Name des Kindes)*,
dass Gott dich behüte
und bewahr in deinem neuen Lebensjahr.
Er sei stets an deiner Seite
zu deinem Schutz und deinem Geleite.
Er sei stets über dir mit seinem Segen
und soll sich schützend um dich legen.
Er sei stets vor dir, um dich zu leiten,
um dich dein ganzes Leben zu begleiten!

Gott möge dich,
kleine(r) *(Name des Kindes)*, mit seinem Segen begleiten
und dir ein schönes Fest bereiten.
Er geht mit dir nun in dein neues Lebensjahr
und ist immer für dich da.

Wir wünschen dir, kleine(r) *(Name des Kindes)*,
für dein junges Leben
Gesundheit, Glück und besonders Gottes Segen.
Der Herr soll dich dein ganzes Leben
führen und auch leiten
und mit seinem Schutz begleiten.
Gott ist immer für dich da,
er geht mit dir in das neue Lebensjahr.

Der Geburtstagsthron

Besonders feierlich kann man die gemeinsame Geburtstagsfeier in der Gruppenstunde gestalten, wenn wir das Geburtstagskind auf einen Thron heben. Dazu fassen sich zwei Erwachsene so an den Handgelenken, dass eine Sitzfläche für das Kind entsteht. Nun wird das Kind auf den Thron gehoben. Es ist ratsam, dass die Mutter ihr Kind festhält und in der Nähe bleibt.

Dreimal sollst du hoch nun leben,
dreimal wollen wir dir Wünsche geben.
- erstes Mal hochheben -
Jetzt bist du hier oben, so groß wie wir,
von ganzem Herzen wünschen wir dir,
dass Gott dich behüte und bewahr
in deinem neuen Lebensjahr.
- zweites Mal hochheben -
... Jahr(e) bist du nun,
viele Dinge kannst du schon tun.
Dafür danken wir Gott, unserm Herrn,
der dich erschuf, hat dich so gern.
- drittes Mal hochheben -
Wenn du nun zum dritten Mal hier oben sitzt,
darfst du leuchten wie ein Stern, der funkelt und glitzt.
Wir danken dir, guter Gott, für diesen Stern,
wir alle haben *(Name des Kindes)* so gern.

Wir danken Gott, er schenkte dir das Leben,
dreimal wollen wir dich nun hochheben.
- erstes Mal hochheben -
Wenn es dich nicht gäb, wär dein Platz hier leer.
Doch du bist da, wir freuen uns sehr.
- zweites Mal hochheben -
... Jahr(e) gehst du schon über diese Welt.
... Jahr(e) leuchtet über dir das Sternenzelt.
... Jahr(e) schon - wir freuen uns sehr
und möchten dich nicht missen mehr.
- drittes Mal hochheben -
Einzigartig bist du, wunderbar -

solche Augen, solches Haar!
Niemand sonst auf dieser Welt
unterm weiten Sternenzelt
hat solche Augen, hat solches Haar,
alles ist nur einmal da.
Wir freuen uns, dass es *(Name des Kindes)* gibt,
und danken Gott, dass er sie/ihn liebt.

Geburtstagsreigen

Zu allen Reigen nehmen sich die Kinder an der Hand und tanzen im Kreis. Es sieht sehr schön aus, wenn das Geburtstagskind einen Kranz auf dem Kopf trägt oder in der Mitte steht. Dieses Kränzchen lässt sich aus Krepppapier leicht selbst flechten. Der Reigen kann mehrmals gesungen werden.

Gott schütze und bewahre dich (Melodie: Es tanzt ein Bi-Ba-Butzemann)
Es tanzt nun das Geburtstagskind
mit uns im Kreis herum, dideldum.
Es tanzt nun das Geburtstagskind
mit uns im Kreis herum, dideldum.
Gott schütze und bewahre dich,
sein Segen, der begleite dich.
Es tanzt nun das Geburtstagskind
mit uns im Kreis herum, dideldum.

Gott liebt das Geburtstagskind (Melodie: Die Tiroler sind lustig)
Das Geburtstagskind ist lustig,
das Geburtstagskind ist froh,
es ist nun ein Jahr älter
und Gott liebt es so.

Geburtstagskind, nun tanzen wir (Melodie: Brüderchen, komm tanz mit mir)
Geburtstagskind, nun tanzen wir,
wir freu'n uns, denn du bist hier,
du bist hier, das ist schön,
kommt, nun lasst uns feiern gehn!

Stundenentwürfe

Gottes Liebe

1. Du hast uns deine Welt geschenkt

Bibeltext
Psalm 104,1-18. Es gibt vieles zu entdecken

Rollenspiel
Personen: Jutta, Valerie

VALERIE: *(Jutta steht mit einem Geschenk - großer Karton - vor der Tür und klopft.)* Hat es da nicht gerade geklopft? Wer kann das denn sein? Ich schau mal nach. *(Valerie geht zur Tür und öffnet diese.)*

JUTTA: Bin ich hier richtig? Ich wollte in den Mini-Club „*(Name)*".

VALERIE: Ja schon - aber ...

JUTTA: Ich soll hier nämlich unbedingt dieses Geschenk abgeben.

VALERIE: Ein Geschenk? Für wen denn?

JUTTA: Dieses Geschenk hier ist für euch alle.

VALERIE: Für uns alle? Da bin ich ja mal gespannt. Von wem ist das Geschenk denn eigentlich?

JUTTA: Das Geschenk ist von Gott.

VALERIE: Ein Geschenk von Gott für uns alle? Was kann das nur sein? Das müssen wir sofort auspacken. Was kann da nur drin sein? Ich bin ja so neugierig. Wer von euch Kindern hilft mir beim Auspacken? *(Die Kinder dürfen das Geschenk auspacken und in den Karton reinschauen.)*

VALERIE: Da ist ja sogar ein Brief im Karton. Ich lese mal vor: ICH HABE EUCH MEINE WELT GESCHENKT. VIEL FREUDE BEIM AUSPACKEN MEINER GESCHENKE. EUER GOTT
Ich hol mal das erste Geschenk raus. Ich bin ja so gespannt. Was ist das denn? Eine Taschenlampe! Ah, ich verstehe: Licht. Gott schenkt uns Licht. *(Valerie schaltet die Taschenlampe an und leuchtet in den Raum.)* Da ist ja noch viel mehr im Karton. Ich guck mal nach. *(Valerie holt das nächste Geschenk*

aus dem Karton.) Oh, wer kann mir denn sagen, was das hier sein soll? *(Valerie zeigt den Kindern eine Wolke aus blauem Tonkarton.)* Gott schuf den Himmel und die Wolken. Was wohl als Nächstes kommt? *(Valerie holt als Nächstes ein mit Wasser gefülltes Marmeladenglas und eine Tüte mit Erde aus dem Karton und zeigt es den Kindern.)* Wer von euch kann mir denn sagen, was hier in dem Glas ist? *(Kinder antworten.)* Richtig, Wasser, Gott schenkt uns Wasser. Wofür brauchen wir denn Wasser? *(Kinder antworten.)* Zum Trinken, zum Waschen. Ohne Wasser gäbe es kein Leben. Blumen brauchen Wasser um zu wachsen. Ohne Wasser würde alles vertrocknen. Ach, da war ja noch mehr im Karton. Was ist denn hier in der Tüte drin? Wer von euch kann das erkennen? *(Kinder antworten.)* Richtig, Erde! Gott schenkt uns Erde, Land. Das Land brauchen wir, um darauf zu leben. Ein toller Karton! Voll mit lauter wichtigen Dingen. Ich bin schon richtig gespannt auf das nächste Geschenk. *(Valerie holt als Nächstes aus Tonkarton ausgeschnittene Blumen und Bäume aus dem Karton.)* Schaut mal her! Könnt ihr erkennen, was das hier ist? *(Kinder antworten.)* Auch die Blumen und die Bäume sind von Gott. Ohne Blumen und Bäume wäre unsere Erde sehr leer. Wir können uns freuen, dass Gott sie uns geschenkt hat. Ich hole mal das nächste Geschenk aus dem Karton. *(Valerie holt als Nächstes Sonne, Mond und Sterne, die auch aus Tonkarton ausgeschnitten wurden, aus dem Karton.)* Wer von euch kann mir denn sagen, was ich hier habe? *(Kinder antworten.)* Ohne die Sonne wäre es kalt und dunkel auf der Erde. Wir brauchen die Sonne zum Leben. Mond und Sterne funkeln und leuchten in der Nacht. Gott hat uns ja so schöne und wichtige Dinge geschenkt. Ich bin so gespannt, was sonst noch alles in dem Karton ist. *(Valerie holt als Nächstes Fische und Vögel, die auch aus Tonkarton ausgeschnitten wurden, aus dem Karton.)* Oh, was ist das denn? Könnt ihr mir das sagen? *(Kinder antworten.)* Wisst ihr denn auch, wo die Fische leben? *(Kinder antworten.)* Richtig, Fische leben im Wasser. Auf dem Land könnten sie gar nicht leben. Sie wären sofort tot. Da seht ihr, wie wichtig Wasser ist. Wie gut, dass Gott uns Wasser geschenkt hat. Und die

Vögel? Wo leben die Vögel? *(Kinder antworten.)* Richtig, die Vögel fliegen in der Luft, ganz weit oben fliegen sie. Sie fliegen über die Erde. Ich hole mal das nächste Geschenk aus dem Karton. *(Valerie holt als Nächstes einige Plüschtiere aus dem Karton.)* So viele schöne Tiere! Und alle hat Gott uns geschenkt. Wer kann mir denn mal sagen, was das für ein Tier ist? *(Kinder antworten. Alle Tiere werden gezeigt. Evtl. werden die Tiere an die Kinder gegeben, damit diese die Tiere streicheln können. Als Nächstes holt Valerie Tierbilderbücher aus dem Karton. Die Bücher werden den Kindern gezeigt.)* Jetzt haben wir so viele Tiere gesehen. Wer von euch kann denn Tierstimmen nachmachen? *(Kinder dürfen Tiere nachahmen.)* Da ist ja immer noch ein Geschenk im Karton. Was das wohl ist? Ich hole es mal raus. *(Valerie holt als Letztes einen Spiegel aus dem Karton. Valerie guckt in den Spiegel.)* Das bin ja ich! Ach so! Gott hat auch mich gemacht! Nicht nur Tiere, Pflanzen, Sonne, Mond und Sterne. Auch mich hat Gott gemacht! Und euch natürlich auch! Uns alle hat Gott gemacht! Oh, da steht ja was auf der Rückseite des Spiegels. Ich lese mal vor: ICH HABE DIR DIE GANZE WELT GESCHENKT, WEIL ICH DICH LIEBE. DEIN GOTT. Wollt ihr jetzt auch alle mal in den Spiegel gucken? Ich gebe den Spiegel mal rum und jeder darf reinsehen!

Die ausgepackten Geschenke sollten wir nun auf einen Tisch legen. Besonders schön ist es, wenn dieser Tisch festlich geschmückt ist. Dadurch werden die Geschenke in ihrem Wert besonders hervorgehoben. Außerdem besteht die Möglichkeit, die Geschenke, die aus Tonkarton sind, aufzukleben. So erhalten wir ein schönes Bild. Die fehlenden Dinge unseres Schöpfungsbildes können wir aufmalen. Nun beschriften wir unser Bild mit den Worten *„Du hast uns deine Welt geschenkt"*. Ein Fingerabdruck von jedem Kind und jedem Erwachsenen erinnert uns daran, dass Gott auch uns erschaffen hat. Vielleicht können wir sogar einen kleinen Spiegel auf unser Schöpfungsbild kleben. Nun sollte das Bild auf jeden Fall unseren Gruppenraum schmücken und uns immer wieder an die Schöpfungsgeschichte erinnern.

Bewegungsspiele und Fingerspiele

Gott gab uns unsre Welt (Melodie: Bruder Jakob)

1. Unsre Lichter, unsre Lichter	*einen Arm nach oben strecken, Faust machen, dann öffnen*
gab uns Gott, gab uns Gott	*nach oben zeigen*
und es wurde heller, und es wurde heller	
überall, überall.	*mit beiden Armen eine Kugel formen*
2. Sturm und Regen, Sturm und Regen	*Arm heben und hin- und herbewegen*
gab uns Gott, gab uns Gott	*nach oben zeigen*
seht, die schönen Wolken, seht, die schönen Wolken	*mit einem Finger „die Wolken" zählen*
ziehen hin, ziehen hin.	*Arm heben und hin- und herbewegen*
3. Unser Wasser, unser Wasser	*Wellenbewegungen mit den Händen*
gab uns Gott, gab uns Gott	*nach oben zeigen*
und die feste Erde und die feste Erde	*mit einem Finger auf die Erde zeigen*
unter uns, unter uns.	*auf den Boden klopfen*
4. Alle Pflanzen, alle Pflanzen	*mit den Händen eine Blume formen*
gab uns Gott, gab uns Gott	*nach oben zeigen*
und die vielen Blumen und die vielen Blumen	*mit den Händen eine Blume formen*
Baum und Strauch, Baum und Strauch.	*Arme hoch strecken, Finger spreizen*
5. Unsre Sonne, unsre Sonne	*Finger spreizen und mit beiden Händen einen Ball formen*
gab uns Gott, gab uns Gott	*nach oben zeigen*
Mond und auch die Sterne, Mond und auch die Sterne,	*Arm nach oben strecken, Faust machen, dann öffnen*
Himmelszelt, Himmelszelt.	*Arm heben und hin- und herbewegen*

6. Alle Fische, alle Fische	*Handinnenflächen aufeinander legen und Hände schlängeln*
gab uns Gott, gab uns Gott	*nach oben zeigen*
und die bunten Vögel und die bunten Vögel	*mit den Armen flattern*
machte er, machte er.	*nach oben zeigen*
7. Alle Tiere, alle Tiere	*mit beiden Armen eine Kugel formen*
gab uns Gott, gab uns Gott	*nach oben zeigen*
hier auf dieser Erde, hier auf dieser Erde	*mit beiden Armen eine Kugel formen*
groß und klein, groß und klein.	*mit einer Hand etwas Großes und etwas Kleines andeuten*
8. Und am Ende und am Ende	
schuf uns Gott, schuf uns Gott	*nach oben zeigen*
all die vielen Menschen, all die vielen Menschen	*mit Arm einen Halbkreis ziehen*
dich und mich, dich und mich.	*auf die anderen, auf mich zeigen*

<u>Mein Körper</u>

Ich fasse meine Augen an	*Augen anfassen*
und freue mich,	
dass ich damit sehen kann.	*eine Hand über die Augen legen*
Ich fasse meine Nase an	*Nase anfassen*
und freue mich,	
dass ich damit riechen kann.	*mit der Nase riechen*
Ich fasse meinen Mund an	*Mund anfassen*
und freue mich,	
dass ich damit küssen kann.	*Kinder und Mütter küssen sich*
Ich fasse meine Ohren an	*Ohren anfassen*
und freue mich,	
dass ich damit hören kann.	*eine Hand hinter das Ohr legen*
Ich schaue meine Hände an	*Hände anschauen*

und freue mich,	
dass ich damit klatschen kann.	*in die Hände klatschen*
Ich schaue meine Füße an	*Füße anschauen*
und freue mich,	
dass ich damit laufen kann.	*Kinder laufen eine kleine Runde im Kreis, evtl. an der Hand der Mutter*
Seht her,	
Augen, Nase, Mund,	*jeweils berühren*
Ohren, Hände und Füße,	*jeweils berühren*
alles ist dran, ich freue mich,	
dass ich so viel damit machen kann.	
Nun klatsche ich in die Hände	*in die Hände klatschen*
und rufe laut „Hurra!“,	*„Hurra!“ rufen*
denn ohne Gott wär gar nichts da.	

<u>Von Gott kommt alles her</u>

Wir loben Gott	*beide Arme in die Luft strecken*
und danken ihm sehr,	*Hände falten*
denn von Gott	*nach oben zeigen*
kommt alles her,	*mit dem Arm einen Halbkreis ziehen*
die Sonne,	*Finger spreizen und mit beiden Händen einen Ball formen*
die Wolken	*beide Arme nach oben strecken und hin- und herbewegen*
und das Meer -	*mit beiden Händen Wellen andeuten*
alles, alles machte er.	*nach oben zeigen*
Wir loben Gott	*beide Arme in die Luft strecken*
und danken ihm sehr,	*Hände falten*
denn von Gott	*nach oben zeigen*
kommt alles her,	
die kleine Maus	*mit den Fingern etwas Kleines zeigen*
und der große Bär -	*mit beiden Armen die Größe zeigen*
alles, alles	*mit dem Arm einen Halbkreis ziehen*
machte er.	*nach oben zeigen*

Wir loben Gott	*beide Arme in die Luft strecken*
und danken ihm sehr,	*Hände falten*
denn von Gott	*nach oben zeigen*
kommt alles her,	*mit dem Arm einen Halbkreis ziehen*
die Blumen,	*mit den Händen eine Blüte formen*
die Bäume und ihre Blätter -	*Arme hoch strecken, Finger spreizen*
alles, alles	*mit dem Arm einen Halbkreis ziehen*
machte er.	*nach oben zeigen*
Wir loben Gott	*beide Arme in die Luft strecken*
und danken ihm sehr,	*Hände falten*
denn von Gott	*nach oben zeigen*
kommt alles her,	*mit dem Arm einen Halbkreis ziehen*
die Hügel,	*mit einer Hand einen Hügel formen*
die Berge	*mit zwei Händen einen Berg formen*
und die Täler -	*auf den Boden zeigen*
alles, alles	*mit dem Arm einen Halbkreis ziehen*
machte er.	*nach oben zeigen*
Wir loben Gott	*beide Arme in die Luft strecken*
und danken ihm sehr,	*Hände falten*
denn von Gott	*nach oben zeigen*
kommt alles her,	*mit dem Arm einen Halbkreis ziehen*
die Vögel in der Luft	*mit den Armen hin- und herflattern*
und die Fische im Meer -	*Handinnenflächen aufeinanderlegen und Hände schlängeln*
alles, alles	*mit dem Arm einen Halbkreis ziehen*
machte er.	*nach oben zeigen*
Wir loben Gott	*beide Arme in die Luft strecken*
und danken ihm sehr,	*Hände falten*
denn von Gott	*nach oben zeigen*
kommt alles her,	*mit dem Arm einen Halbkreis ziehen*
die Sterne,	*Arm nach oben strecken, Faust machen, dann öffnen*
der Mond und noch viel mehr -	*mit den Händen eine Kugel formen*
alles, alles	*mit dem Arm einen Halbkreis ziehen*
machte er.	*nach oben zeigen*

Wir loben Gott	*beide Arme in die Luft strecken*
und danken ihm sehr,	*Hände falten*
denn von Gott	*nach oben zeigen*
kommt alles her,	*mit dem Arm einen Halbkreis ziehen*
er machte auch mich,	*auf uns zeigen*
Gott	*nach oben zeigen*
liebt mich so sehr,	*auf unser Herz zeigen*
dafür lobe ich Gott	*beide Arme in die Luft strecken*
und danke ihm sehr.	*Hände falten*
Und nun klatschen wir alle in die Hände	
	in die Hände klatschen
und rufen laut „Hurra!“,	*laut „Hurra!“ rufen*
denn ohne Gott wär gar nichts da!	

Die Sonne am Himmel

Die beschriebenen Bewegungen werden jeweils nachgemacht.

Die Sonne am Himmel geht morgens auf,	
kommt, wir schauen mal hinauf.	
Die Erde dreht sich immerzu,	
kommt, wir drehen uns dazu.	
Die Wolken ziehen über die Welt,	
kommt, wir zeigen hoch zum Himmelszelt.	
Der Regen platscht auf diese Welt,	
wir heben unsere Hände und zeigen, wie er runterfällt.	
Jetzt scheint die Sonne am Himmelszelt	
	Finger spreizen und mit beiden Händen einen Ball formen
und erleuchtet unsere Welt,	
seht, wie der Regen noch runterfällt.	
Ein bunter Regenbogen, oh wie schön,	
	mit dem Arm einen Halbkreis ziehen
ist jetzt am Himmelszelt zu sehen.	
Er strahlt in den allerschönsten Farben -	
schön, dass wir einen Regenbogen haben.	
Gott, du hast unsere Welt wunderbar gemacht	
	mit den Armen eine Kugel formen

und schön - hilf, dass wir nichts übersehen.
Der Regen tränkt die Wiesen und Felder,
die Bäume so groß *mit den Armen die Größe zeigen*
und die Blumen so klein -
jetzt ducken wir uns, denn wir wollen alle Blumen sein.
Und jetzt heben wir die Arme und springen hoch in diesen Raum
und sind plötzlich riesengroß wie ein Baum.
Seht, die Tiere groß und klein -
jetzt wollen wir alle mal Vögel sein.
Unsere Arme flattern hin und her -
seht, es ist gar nicht so schwer.
Wollt ihr jetzt alle mal Fische sein?
Dann schlengelt eure Hände groß und klein.
Wollt ihr jetzt alle mal Elefanten sein?
Dann macht alle mit, groß und klein.
Den rechten Arm streckt jetzt nach vorn,
nehmt eure Nase in die linke Hand,
und nun geht wie ein Elefant durchs Land.
Verschwunden ist der Sonne Licht,
wenn abends dann die Dunkelheit anbricht.
Und nun macht eure Augen zu,
dann seht ihr Dunkelheit im Nu.
Am Abend dann funkeln die Sterne
und es glitzert des Mondes Schein -
hebt nun eure Arme und dreht eure Hände,
denn auch ihr sollt Sterne sein.
Und über diese Welt, da gehe ich und da gehst du
und alle andern noch dazu.
Gemeinsam wollen wir nun im Kreise gehn
und zusammen eine Runde drehn.
Und nun gehen wir mit leisem Schritte in des Kreises Mitte
und rufen laut „Hurra!", denn ohne Gott wär gar nichts da.

Gott schuf die Tiere, groß und klein

Gott schuf die Tiere, *nach oben zeigen*
groß und klein, *einen Arm heben, um etwas Großes zu zeigen, dann etwas Kleines zeigen*
alle, alle schuf Gott allein.

Es sind der Tiere wirklich viel,
hört jetzt gut zu, weil ich euch
davon erzählen will.
Und ihr dürft sogar selber Tiere sein,
macht alle mit, ich lade euch ein!
Los, wir fangen nun an,
großen Spaß habt ihr dann:

Gott schuf die Schnecke, macht alle mit,
jetzt schleichen wir mit langsamem Schritt.
langsam schleichen
Gott schuf die Schnecke, wir danken ihm sehr,
doch Gott schuf noch viel, viel mehr, hört alle her:

Gott schuf das Schaf, mäh, mäh, mäh,
gemeinsam „mäh" sprechen
jetzt schaut alle her,
wir gehen nun wie Schafe, *auf allen vieren gehen*
das ist gar nicht so schwer - mäh, mäh, mäh.
gemeinsam „mäh" sprechen
Gott schuf das Schaf, wir danken ihm sehr,
doch Gott schuf noch viel, viel mehr, hört alle her:

Gott schuf den Vogel, piep, piep, piep
gemeinsam „piep" sprechen
und nun flattern unsre Arme *mit ausgestreckten Armen flattern*
hin und her, als wenn jeder von uns ein Vogel wär -
piep, piep, piep. *gemeinsam „piep" sprechen*
Gott schuf den Vogel, wir danken ihm sehr,
doch Gott schuf noch viel, viel mehr, hört alle her:

Gott schuf den Fisch, blubb, blubb, blubb
gemeinsam „blubb" sprechen
und nun schlängeln unsre *Handflächen aufeinander legen*
Hände hin und her, *und Hände schlängeln*
als wenn jeder von uns ein Fisch nun wär -
blubb, blubb, blubb. *gemeinsam „blubb" sprechen*
Gott schuf den Fisch, wir danken ihm sehr,

doch Gott schuf noch viel, viel mehr, hört alle her:

Gott schuf das Pferd, hü, hü, hü, *gemeinsam „hü" sprechen*
und nun setzen wir uns *Kinder setzen sich auf den Schoß der Mütter und reiten*
und reiten wie noch nie -
hü und hopp, hü und hopp, *gemeinsam „hü" sprechen*
so reiten wir nun im Galopp.
Gott schuf das Pferd, wir danken ihm sehr,
doch Gott schuf noch viel, viel mehr, hört alle her:

Gott schuf den Löwen, grrr, grrr, grrr,
gemeinsam „grrr" sprechen
jetzt brüllt alle mit und schleicht wie ein Löwe,
auf allen vieren schleichen
Schritt für Schritt - grrr, grrr, grrr. *gemeinsam „hü" sprechen*
Gott schuf den Löwen, wir danken ihm sehr,
doch Gott schuf noch viel, viel mehr, hört alle her:

Gott schuf die Biene, summ, summ, summ,
gemeinsam „summ" sprechen
mit ausgestreckten Armen fliegen
Arme weit ausstrecken und gehen
wir nun wie Bienen herum - summ, summ, summ.
gemeinsam „summ" sprechen
Gott schuf die Biene, wir danken ihm sehr,
doch Gott schuf noch viel, viel mehr, hört alle her:

Gott schuf den Frosch, quak, quak, quak,
gemeinsam „quak" sprechen
und jetzt hüpfen wir herum, *durch den Raum hüpfen*
wie ein Frosch es gern mag - quak, quak, quak.
gemeinsam „quak" sprechen
Gott schuf den Frosch, wir danken ihm sehr,
doch Gott schuf noch viel, viel mehr, hört alle her:

Gott schuf den Elefanten, töröh, töröh,
gemeinsam „töröh" sprechen

schaut her, der Elefant ist so groß und so schwer,
gemeinsam trampeln wir *durch den Raum stapfen*
nun wie Elefanten daher - töröh, töröh.
gemeinsam „töröh" sprechen
Gott schuf den Elefanten, wir danken ihm sehr,
doch Gott schuf noch viel, viel mehr, hört alle her:

Gott schuf den Hund, wau, wau, wau,
gemeinsam „wau" sprechen
jetzt bellt alle mit und geht auf allen vieren
auf allen vieren gehen
wie ein Hund, Schritt für Schritt - wau, wau, wau.
gemeinsam „wau" sprechen
Gott schuf den Hund, wir danken ihm sehr,
doch Gott schuf noch viel, viel mehr, hört alle her:

Gott schuf den Bären, brumm, brumm, brumm,
gemeinsam „brumm" sprechen
so brummen wir nun wie Bären herum -
brumm, brumm, brumm. *gemeinsam „brumm" sprechen*
Gott schuf den Bären, wir danken ihm sehr,
doch Gott schuf noch viel, viel mehr, hört alle her:

Gott schuf die Ente, quak, quak, quak,
gemeinsam „quak" sprechen
und nun watscheln wir daher wie *durch den Raum watscheln*
eine Ente es mag und rufen ganz laut - quak, quak, quak.
gemeinsam „quak" sprechen
Gott schuf die Ente, wir danken ihm sehr,
doch Gott schuf noch viel, viel mehr, hört alle her:

Gott schuf die Katze, miau, miau, miau,
gemeinsam „miau" sprechen
unsre „Pfote" lecken wir nun *an der Hand lecken*
so wie Katzen es tun - miau, miau, miau.
gemeinsam „miau" sprechen
Gott schuf die Katze, wir danken ihm sehr,
doch Gott schuf noch viel, viel mehr, hört alle her:

Gott schuf die Maus, piep, piep, piep,
gemeinsam „piep" sprechen
flink wie eine Maus und ganz schnell
laufen wir nun von der Stell - *ganz schnell durch den Raum laufen*
piep, piep, piep. *gemeinsam „piep" sprechen*
Gott schuf die Maus, wir danken ihm sehr,
doch Gott schuf noch viel, viel mehr, hört alle her:

Gott schuf den Affen, uh, uh, uh, *gemeinsam „uh" sprechen*
kommt, habt ihr Lust,
dann schlagt euch auf die Brust - *auf die Brust schlagen*
uh, uh, uh *gemeinsam „uh" sprechen*
Gott schuf den Affen, wir danken ihm sehr,
doch Gott schuf noch viel, viel mehr, hört alle her:

Gott schuf den Hasen, hüpf, hüpf, hüpf,
gemeinsam „hüpf" sprechen
nun mümmeln wir mit den Nasen *die Nasen rümpfen*
und hüpfen wie die Hasen - hüpf, hüpf, hüpf.
gemeinsam „hüpf" sprechen
Gott schuf den Hasen, wir danken ihm sehr,
doch Gott schuf noch viel, viel mehr, hört alle her:

Gott schuf die Schlange, zisch, zisch, zisch,
gemeinsam „zisch" sprechen
macht alle mit, jetzt schlängeln wir uns
auf den Boden legen und schlängeln
wie die Schlangen durch das Gebüsch - zisch, zisch, zisch.
gemeinsam „hüpf" sprechen

Gott schuf die Schnecke, das Schaf,
den Vogel, den Fisch, das Pferd,
den Löwen, die Biene, den Frosch,
den Elefanten, den Hund, den Bären,
die Ente, die Katze, die Maus,
den Affen, den Hasen, die Schlange
und noch viel, viel mehr, wir danken ihm sehr,
hört alle her: Groß ist Gott, unser Herr, denn alles, alles machte er.

Lieder und Gedichte

Unsre Welt ist so prächtig (Melodie: Die Tiroler sind lustig)

1. Unsre Welt ist so prächtig, unsre Welt ist so schön.
Es macht uns sehr viel Freude, spazieren zu gehn.

2. Unsre Welt schuf Gott super, unsre Welt formte er,
deshalb ist sie voll Schönheit, wir danken ihm sehr.

weitere Lieder

Du hast uns deine Welt geschenkt
Wer lässt die Sterne strahlen
Er hält die ganze Welt in seiner Hand
Volltreffer
Immer und überall
1, 2, 3, hier geht es rund
Ich heiße August Friedolin
Mein Gott ist groß
Kommt her und singt
Ich sehe meinen Körper an

Gedicht „Gott schuf das Wasser"

Wenn wir den Kindern zu den jeweiligen Sätzen passende Bilder oder Fotos (z. B. aus Illustrierten) zeigen, tragen diese zusätzlich dazu bei, dass die Kinder den Text besser verstehen und behalten.

Gott schuf das Wasser,
auch das Wasser schuf er.
Wir alle brauchen das Wasser so sehr,
denn ohne Wasser gäbe es kein Leben mehr:

Die Blumen auf den Wiesen könnten nicht leben,
würde es kein Wasser geben.
Sie brauchen das Wasser
zum Wachsen und zum Blühn,
denn ohne Wasser wär gar nichts grün.
Mit Wasser werden sie groß und schön -
ohne Wasser würden sie eingehn.

Mit Wasser blühen sie in den allerschönsten Farben,
die wir auf der Erde haben.
Wir danken Gott,
dass er an die Blumen denkt
und ihnen Wasser schenkt.

Auch die Bäume könnten nicht leben,
würde es kein Wasser geben.
Sie brauchen das Wasser, damit ihre Zweige blühn,
denn ohne Wasser wär gar nichts grün.
Ohne Wasser wären sie trocken und krank,
doch mit Wasser leben sie ganz lang.
Wir danken Gott,
dass er an die Bäume denkt
und ihnen Wasser schenkt.

Auch die Wiesen und Felder könnten nicht leben,
würde es kein Wasser geben.
Denn würde kein Wasser mehr fließen,
dann könnte kein Korn auf dem Felde sprießen.
Dann wären wir alle in großer Not,
denn wir brauchen das Korn für unser Brot.
Wir danken Gott,
dass er an die Wiesen und an die Felder denkt
und ihnen Wasser schenkt.

Auch der Elefant könnte nicht leben,
würde es kein Wasser geben.
Sein Rüssel wäre dann ganz leer,
denn er hätte ja kein Wasser mehr.
Wir danken Gott,
dass er an den Elefanten denkt
und ihm Wasser schenkt.

Auch die Ente - quak, quak, quak,
braucht das Wasser jeden Tag.
Zum Schwimmen und Planschen
braucht sie das Wasser so sehr,

denn ohne Wasser wär der Teich doch leer.
Wir danken Gott,
dass er an die Ente denkt
und ihr Wasser schenkt.

Auch die Fische könnten nicht leben,
würde es kein Wasser geben.
Ohne Wasser hätten sie kein Zuhause mehr,
denn die Seen und Meere wären leer.
Wir danken Gott,
dass er an die Fische denkt
und ihnen Wasser schenkt.
Ja, die Flüsse, die Seen und auch das Meer,
alles, alles wäre leer,
gäbe es kein Wasser mehr.
Wir danken Gott,
dass er an die Flüsse, die Seen und an das Meer denkt
und alles mit Wasser beschenkt.

Auch wir Menschen könnten nicht leben,
würde es kein Wasser geben.
Wir brauchen das Wasser, damit wir sauber sind,
groß und klein, jedes Kind.
Wir brauchen das Wasser für viele Sachen,
weil wir vieles mit Wasser machen.
Und gäbe es kein Wasser mehr,
hätten wir großen Durst, so sehr.
Wir danken Gott,
dass er an uns Menschen denkt
und uns Wasser schenkt.

Reigen

Unsre Welt ist kunterbunt (Melodie: Brüderchen, komm tanz mit mir)
Die Kinder nehmen sich an der Hand und tanzen im Kreis.

Unsre Welt, die ist so schön, es macht Spaß auf ihr zu gehn.

Sie ist bunt, sie ist schön, kunterbunt schön anzusehn.
Auf der Welt da leben wir, Gott schenkte sie mir und dir.
Sie ist bunt, sie ist schön, kunterbunt schön anzusehn.

Wir tanzen auf der bunten Welt (Melodie: Es tanzt ein Bi-Ba-Butzemann)

Die Kinder nehmen sich an der Hand und tanzen im Kreis. Bei „dideldum" heben alle die Arme.

Wir tanzen auf der bunten Welt im Kreise nun herum, dideldum.
Wir tanzen auf der bunten Welt im Kreise nun herum.
Gott machte sie für dich und mich. Ich freue mich und du freust dich.
Wir tanzen auf der bunten Welt im Kreise nun herum, dideldum.

Aktionen

Spaziergang

Auf diesem Spaziergang machen wir die Kinder noch einmal in besonderer Weise auf die Schöpfung aufmerksam und erläutern, wie sehr die ganze Schöpfung vom Wasser abhängig ist. Eventuell kann man an einzelnen Stellen Passagen aus dem obigen Stück vorlesen.

Blumen gießen

Wir bringen Topfblumen mit, die von den Kindern, eventuell mit Hilfe der Erwachsenen, gegossen werden dürfen.

Die eigene Blume

Wir graben eine Blume, z.B. ein Gänseblümchen oder eine Butterblume aus und pflanzen diese in einen kleinen Blumentopf. Jedes Kind hat nun seine eigene Blume, für die es verantwortlich ist. Selbstverständlich leisten die Eltern Hilfestellung, wenn es um das Gießen geht.

Wasser für Enten und Fische

Diese Aktion eignet sich am besten, wenn wir die Möglichkeit haben, unsere Gruppenstunde im Freien abzuhalten: Kleine Badewannen oder Schüsseln werden mit Wasser gefüllt. Nun erhalten die Kinder Enten und Fische aus Plastik, die sie dann im Wasser schwimmen lassen dürfen.

Wasserbild

Die Kinder dürfen mit blauer Fingerfarbe das Wasser malen. Entweder darf jedes Kind sein eigenes Wasserbild malen oder es wird gemeinsam ein großes Wasserbild (z.B. auf Tapete) gemalt. Am Ende sind die Hände der Kinder so blau wie das Wasser, das sie gemalt haben. Nun muss Wasser her: „Wir brauchen das Wasser, damit wir sauber sind, groß und klein, jedes Kind." Diesen Satz sollten wir den Kinder noch einmal ins Gedächtnis rufen.

Kresse pflanzen

In kleine Gefäße oder in Hälften von Eierschalen geben wir ein wenig Blumenerde und/oder Watte und pflanzen Kressesamen. Die Kresse muss ausreichend und täglich begossen werden. In kurzer Zeit können wir beobachten, wie die Samen sich öffnen und die Kresse wächst. Vielleicht findet in unserer nächsten Gruppenstunde ein gemeinsames Frühstück statt und wir bereiten aus der Kresse einen Kräuterquark zu.

Bastelideen

Schöpfungskreuz

Aus Tonkarton werden einzelne Elemente der Schöpfungsgeschichte ausgeschnitten. Anschließend werden sechs Herzen aus Tonkarton ausgeschnitten. Jetzt werden zwei Apfelsinenkisten mit den ausgeschnittenen Elementen beklebt. In die Mitte kleben wir aus den Herzen ein Kreuz. Dieses Schöpfungskreuz sollte, wenn möglich, nun unseren Gruppenraum schmücken und uns somit immer wieder an die Schöpfungsgeschichte erinnern.

Geschenk

Jedes Kind soll ein Stück der geschenkten Welt mit nach Hause nehmen. Für jedes Kind wird ein Geschenkpäckchen vorbereitet, das z.B. am Ende des Rollenspieles an die Kinder weitergegeben werden kann. Falls die Kinder bekannt sind, können auch Namensschilder angebracht werden.

Weltkugel als Kettenanhänger

Eine Holzperle mit einem Durchmesser von ca. 16 mm wird an ein ca. 60 cm langes Elastic-Gummiband gehängt. Auf die Perle können wir außerdem den Anfangsbuchstaben des Vornamens schreiben. Das ist mit Hilfe eines wasserfesten Stiftes möglich.

Weltkugel mit Foto

Aus blauem Tonkarton wird ein Kreis von ca. 15 cm Durchmesser ausgeschnitten. Auf diesen Kreis kleben wir ein Foto des Kindes (Umrisse ausschneiden). Neben oder unter das Foto schreiben wir dann „Gott hat (Name des Kindes) seine Welt geschenkt". Die Weltkugel wird unterhalb des oberen Randes gelocht und mit einem Band versehen, damit sie aufgehängt werden kann.

Buntes Allerlei

Aus Tonkarton werden Sonne, Mond, Sterne, Blumen, Tiere usw. ausgeschnitten. Dann werden die Figuren entsprechend beschriftet, z.B. Gott hat uns die Sonne geschenkt, den Mond usw. Jede Figur wird in Geschenkpapier eingewickelt und mit einem Namensanhänger versehen. So erhält jedes Kind ein persönliches Geschenk.
Oder wir formen aus Pfeifenputzern Mond, Sterne, Wolken, Tiere, Blumen usw. An den einzelnen Figuren befestigen wir ein Band, damit die Kinder sie auch aufhängen können. Vielleicht haben die Kinder Lust, sich zu Hause aus den unterschiedlichsten Formen ein Schöpfungsmobile zu basteln.

Weltkugel

Ein Luftballon wird so aufgeblasen, dass eine kleine Kugel entsteht, die unsere Welt ist. Nun bekleben wir diese Weltkugel mit zwei Händen, die zuvor aus Tonkarton ausgeschnitten wurde. Als Schablone können die Hände der Kinder dienen. Auf die eine Hand schreiben wir „Gott hält die ganze Welt in seiner Hand". Auf die andere Hand schreiben wir „Gott hält (Name des Kindes) in seiner Hand".

Knetmasse und Salzteig

Gott hat die Welt geformt. Nun dürfen auch die Kinder mit Knetmasse etwas formen. Wer möchte, kann die Weltkugel aus Salzteig herstellen. Dazu wird benötigt: 2 Teile Mehl, 2 Teile Salz, 1 Teil Wasser.

Dieser Teig muss gut durchgeknetet werden. Fügen wir zusammen mit dem Wasser flüssige Speisefarbe hinzu, können wir den Teig damit färben. Arbeitsmaterial für ältere Kinder: Messer, Gabeln, Löffel, Zahnstocher, Streichhölzer, Teller, Teigrollen, Ausstechförmchen usw.

Um die Schöpfungsgeschichte zu vertiefen, würde es sich sehr gut anbieten, einzelne Elemente der Schöpfung zu formen. Sonne, Mond und Sterne lassen sich mit Hilfe von Ausstechförmchen sehr leicht herstellen. Dabei können sogar schon sehr kleine Kinder mithelfen.
Es können Tiere, Wolken, Blumen, Bäume und Regentropfen geformt werden. Die Hand unseres Kindes legen wir auf eine ausgerollte Fläche Salzteig und ziehen die Umrisse mit einem Schaschlikspieß nach. Der Teig darf aber nicht zu dünn ausgerollt werden!
Die fertigen Werke können entweder an der Luft trocknen oder bei niedriger Temperatur im Backofen. Anschließend bemalen und lackieren wir unsere Kunstwerke.

Spiele

Tiere raten
Die Erwachsenen machen Tierstimmen nach. Die Kinder müssen raten, um welches Tier es sich dabei handelt.

Gebet

Guter Gott,
du schufst die Blumen, Wiesen, Wald und Feld
und das ganze Sternenzelt.
Du schufst die Tiere auf dem Land -
die kleine Maus, den großen Elefant.
Du schufst die Vögel groß und klein -
auch die Fische schufst du allein.
Du schufst Wolken, Wind und Meer,
denn du bist mächtig, großer Gott und Herr.
Und den Tag und auch die Nacht
hast du, guter Gott, für uns gemacht.

Du schufst die Täler und die Höhn
und machtest alles wunderschön.
Du schufst auch uns, einen jeden hier,
guter Gott, wir danken dir.
Einzigartig schufst du alles, alles ist einfach wunderbar -
ohne dich, guter Gott, wär gar nichts da.
Und fest hältst du die ganze Welt -
das Meer und auch das Sternenzelt
Du hältst auch uns und lässt uns nicht los,
denn deine Liebe ist so groß.
Guter Gott, wir danken dir
von ganzem Herzen nun dafür.

Segen

Gott sei über dir wie Sonne, Mond und Sterne -
Gott, der Herr, beschützt dich doch so gerne.
Wie das Land sei er unter dir,
um dich zu halten
und um dein Leben zu gestalten.
Gott sei neben dir, wie die Menschen,
die dich umgeben,
Gott sei neben dir, um dich zu leiten
dein ganzes Leben.
Gott gebe dir Wärme und mit hellem Schein
leuchte er wie die Sonne in dein Leben hinein.
Gott sei bei dir, auch in dunklen Zeiten,
um dich zu führen und zu leiten.
Gott sei bei dir Tag und Nacht,
jede Sekunde gebe er Acht.
Wie die ganze Schöpfung, so soll Gott dich umgeben -
Gott, der alles rief ins Leben.

2. Einfach spitze, lasst uns hüpfen!

Bibeltext

Nehemia 8,10. Unbekümmert bleiben

Rollenspiel „Ich bin fröhlich"

Personen: Sprecher, Klappmaulpuppe Charly

CHARLY: Hey, was hast du denn da für einen lustigen Ballon?

SPRECHER: Toll, was, Charly? Den haben wir im Mini-Club gebastelt.

CHARLY: Zeig mal! Der sieht ja aus wie ein Hüpfmännchen. Hüpfmännchen sind lustig!

SPRECHER: Hüpfst du auch gerne, Charly?

CHARLY: Na klar hüpfe ich auch gerne. Aber nur, wenn ich fröhlich bin. Wenn ich traurig bin, hüpfe ich gar nicht gerne.

SPRECHER: So so. Bist du denn jetzt fröhlich, Charly?

CHARLY: Jawohl. Jetzt bin ich fröhlich.

SPRECHER: Na dann hüpf doch mal, Charly!

CHARLY: Dann sollen die Kinder aber auch ihre Hüpfmännchen hüpfen lassen. *(Die Kinder lassen ihre Hüpfmännchen hüpfen, und Charly hüpft fröhlich herum.)*

CHARLY: Oh toll! Jetzt hüpfen wir alle herum. Das macht Spaß! Ich wäre gern immer fröhlich. Aber das geht ja nicht! Schade! *(Charly senkt den Kopf.)*

SPRECHER: Stimmt, Charly. Niemand ist immer fröhlich.

CHARLY: Aber heute hab ich ja einen Grund fröhlich zu sein.

SPRECHER: Was hast du denn für einen Grund fröhlich zu sein, Charly?

CHARLY: Ich bin fröhlich, weil heute Mini-Club ist und ich alle netten Kinder und Mütter wiedersehe.

SPRECHER: Das kann ich verstehen, Charly. Die Kinder mögen dich ja auch sehr.

CHARLY: Aber gleich ist der Mini-Club vorbei und dann? Es gibt einfach keinen Grund, immer fröhlich zu sein. Oder weißt du einen Grund?

SPRECHER: Ich weiß einen Grund, Charly.

CHARLY: Na, da bin ich aber mal gespannt. Was für ein Grund wäre das denn?

SPRECHER: Es gibt jemanden, der dich ganz viel liebt, Charly.

CHARLY: Oh! Habt ihr gehört? Jemand liebt mich. Das macht mich wirklich fröhlich. Wer ist es denn? Wer liebt mich?

SPRECHER: Gott! Gott liebt dich, Charly. Und nicht nur dich, er liebt jeden Menschen.

CHARLY: Auch die Kinder hier?

SPRECHER: Auch die Kinder hier.

CHARLY: Auch die Muttis hier?

SPRECHER: Auch die Muttis hier.

CHARLY: Auch meine Freunde?

SPRECHER: Auch deine Freunde.

CHARLY: Dann muss ich jetzt sofort weg zu meinen Freunden und ihnen erzählen, dass Gott sie liebt. Die werden bestimmt vor Freude mithüpfen! Tschüss, liebe Kinder!

Bewegungsspiele und Fingerspiele

<u>Ich hüpfe hier im Kreis</u>

Ich hüpfe hier im Kreis	*im Kreis hüpfen*
und freue mich,	*Arme nach oben strecken*
denn ich weiß: Gott	*nach oben zeigen*
liebt mich so,	*auf unser Herz zeigen*
und das macht mich richtig froh.	

Ich hüpfe hier im Kreis	*im Kreis hüpfen*
und klatsche,	*in die Hände klatschen*
denn ich weiß: Gott	*nach oben zeigen*
liebt mich so,	*auf unser Herz zeigen*
und das macht mich richtig froh.	

Ich hüpfe hier im Kreis	*im Kreis hüpfen*
und singe laut,	*lalalalalalalalala singen*
denn ich weiß: Gott	*nach oben zeigen*
liebt mich so,	*auf unser Herz zeigen*
und das macht mich richtig froh.	

Ich hüpfe hier im Kreis	*im Kreis hüpfen*
und springe in die Luft,	*in die Luft springen*
denn ich weiß: Gott	*nach oben zeigen*

liebt mich so, *auf unser Herz zeigen*
und das macht mich richtig froh.

Ich hüpfe hier im Kreis *im Kreis hüpfen*
und juble laut, *„juhu!" rufen*
denn ich weiß: Gott *nach oben zeigen*
liebt mich so, *auf unser Herz zeigen*
und das macht mich richtig froh.

Ich hüpfe hier im Kreis *im Kreis hüpfen*
und danke Gott, *Hände falten*
denn ich weiß: Gott *nach oben zeigen*
liebt mich so, *auf unser Herz zeigen*
und das macht mich richtig froh.

Ich hüpfe hier im Kreis, *im Kreis hüpfen*
ich freu mich *Arme nach oben strecken*
und klatsche, *in die Hände klatschen*
ich singe laut, *lalalalalalalalala singen*
springe in die Luft, *in die Luft springen*
ich juble laut *„juhu!" rufen*
und danke Gott, *Hände falten*
denn ich weiß: Gott *nach oben zeigen*
liebt mich so, *auf unser Herz zeigen*
und das macht mich richtig froh.
Juhu! *„juhu!" rufen*

Weil Gott mich liebt

Weil Gott *nach oben zeigen*
mich liebt, *auf das Herz zeigen*
freue ich mich so und klatsche in die Hände,
in die Hände klatschen
ich bin ja sooo froh! *beide Arme in die Luft strecken*

Weil Gott *nach oben zeigen*
mich liebt, *auf das Herz zeigen*
freue ich mich so und hüpfe im Kreis,
im Kreis hüpfen mit dem Kind

ich bin ja sooo froh!	*beide Arme in die Luft strecken*

Weil Gott	*nach oben zeigen*
mich liebt,	*auf das Herz zeigen*
freue ich mich so und tanze,	*tanzen*
ich bin ja sooo froh!	beide Arme in die Luft strecken

Weil Gott	*nach oben zeigen*
mich liebt,	*auf das Herz zeigen*
freue ich mich so und springe,	*springen*
ich bin ja sooo froh!	*beide Arme in die Luft strecken*

Weil Gott	*nach oben zeigen*
mich liebt,	*auf das Herz zeigen*
freue ich mich so und rufe laut „juhu!",	*„juhu!" rufen*
ich bin ja sooo froh!	*beide Arme in die Luft strecken*

Weil Gott	*nach oben zeigen*
mich liebt,	*auf das Herz zeigen*
freue ich mich so und klatsche,	*in die Hände klatschen*
hüpfe,	*hüpfen*
tanze,	tanzen
springe	*springen*
und rufe laut „juhu!",	*„juhu!" rufen*
ich bin ja sooo froh!	*beide Arme in die Luft strecken*

<u>Wunderbar von Gott geliebt</u>

Alles, was es auf der Erde gibt,	*mit den Händen einen Kreis ziehen*
ist wunderbar	
von Gott	*nach oben zeigen*
geliebt:	*eine Hand auf das Herz legen*
Die Spinne,	*Finger krallen*
soo klein,	*mit zwei Fingern zeigen, wie klein eine Spinne ist*
den Elefanten,	*linke Hand an die Nase, rechten Arm durch den linken legen*
soo groß,	*Arm möglichst weit ausstrecken*

Gott	*nach oben zeigen*
hält alle in seinem Schoß.	*mit beiden Händen auf den Schoß klopfen*
Die Spinne,	*Finger krallen*
soo klein,	*mit zwei Fingern zeigen, wie klein eine Spinne ist*
den Elefanten,	*linke Hand an die Nase, rechten Arm durch den linken legen*
soo groß,	*Arm möglichst weit ausstrecken*
Gott	*nach oben zeigen*
hält auch dich	*auf das Kind zeigen*
in seinem Schoß.	*mit beiden Händen auf den Schoß klopfen*

<u>Heut sind wir mal so richtig froh</u>

beschriebene Bewegung jeweils nachmachen

Heut sind wir mal so richtig froh,
wir klatschen in die Hände und das geht so!

Heut sind wir mal so richtig froh,
wir hüpfen mit den Beinen und das geht so!

Heut sind wir mal so richtig froh,
wir springen in die Luft und das geht so!

Heut sind wir mal so richtig froh,
wir tanzen herum und das geht so!

Heut sind wir mal so richtig froh,
wir lachen ganz laut und das geht so!

Müde sind wir jetzt von all diesen Dingen,
können nicht mehr tanzen, hüpfen, springen.
Pst! Jetzt müsst ihr ganz leise sein,
fallt nun in Mamas Arme und kuschelt euch ein.
Müde sind Arme, Hände, Beine und Füße nun.
Pst! Jetzt seid ganz still, dann könnt ihr ruhn.

Und jetzt bekommt ihr einen dicken Kuss,
wacht alle auf, mit dem Kuscheln ist nun Schluss!

Fingerspiel „Es hüpft ein kleiner Mann"

Es hüpft ein kleiner Mann,	*abwechselnd mit den Zeigefingern*
es hüpft ein kleiner Mann,	*auf dem Bauch des Kindes tippeln*
seht ihn euch nur an,	*eine Hand über die Augen legen*
wie er hüpfen kann -	*abwechselnd mit den Zeigefingern auf dem Bauch des Kindes tippeln*
und er ist so froh,	*Kind auf am Bauch kitzeln*
denn Gott	*nach oben zeigen*
liebt ihn so.	*auf das Herz des Kindes zeigen*

Lieder

Ja, Gott hat alle Kinder lieb
Gott hat Kinder lieb
Einfach spitze
Gott ist spitze
1, 2, 3 hier geht es rund
Gott mag Kinder
Volltreffer
Ich schmeiß die Arme
Kommt alle und singet

Bastelideen

Luftballonmännchen (Hüpfmännchen)

Jedes Kind erhält einen Luftballon. Aus Tonkarton schneidet man Augen, Nase, Mund und Füße aus. Für die Füße können die Umrisse der Kinderfüße abgemalt werden. Nun bekleben wir den Luftballon damit, so dass ein lustiges Luftballonmännchen entsteht. Zum Aufkleben eignet sich am besten transparentes Klebeband (keinen lösemittelhaltigen Kleber!). Nun kann der Ballon wie ein Hüpfmännchen fröhlich durch die Gegend hüpfen und ist eine schöne Erinnerung an unser Rollenspiel. Für den Transport nach Hause sollte man Band oder Wolle bereithalten.

Luftballongesicht

Für sehr kleine Kinder sollten wir statt des Luftballonmännchens lieber ein Luftballongesicht basteln. Augen, Nase und Mund werden aus Tonkarton ausgeschnitten und auf den Luftballon geklebt. Falls dieser nicht mit Gas gefüllt, sondern aufgeblasen wird, muss das Gesicht „falsch herum" aufgeklebt werden. Dieses lustige Ballongesicht sollte für das Kind nun vom Bettchen aus sichtbar sein.

Spiele

Luftballonsegeln

Luftballons werden in ein großes Tuch gelegt. Dieses Tuch wird von mehreren Personen gehalten. Nun wird es so bewegt, dass die Luftballons fliegen. Die Kinder können die Ballons auffangen und versuchen, diese zurück ins Tuch zu werfen. Vor dem Aufblasen wird in die Luftballons etwas Reis gefüllt, dann fliegen sie gezielter. Besteht die Möglichkeit, die Gruppenstunde im Freien durchzuführen, kann man statt der Luftballons Wasserbomben nehmen. Damit ganz kleine Kinder die Ballons besser greifen können, sollten wir diese nicht ganz aufblasen.

Gebet

Guter Gott,
du liebst uns alle, Groß und Klein,
dafür wollen wir dir dankbar sein.
Vor lauter Freude können wir hüpfen, tanzen, singen
und mit lautem Jubel springen.
Lass uns deine Liebe weitergeben,
damit auch andere dich erfahren in ihrem Leben.

Segen

Es segne dich der Gott,
der dich vor Freude hüpfen lässt.
Er segne dich, er halte dich fest.

3. Gott hat alle Kinder lieb

Bibeltext

Markus 10,13-16. Jesus segnet die Kinder

Rollenspiel „Ein Herz für Kinder"

Personen: Puppe Tobias, Puppe Ruth

Für dieses Rollenspiel können die Handpuppen aus Waschhandschuhen eingesetzt werden.

TOBIAS: Was hast du denn da um?

RUTH: Ein Herz, siehst du doch!

TOBIAS: Da steht ja was drauf: Gott liebt Ruth. *(kurze Pause)* Angeberin! Meinst wohl, du wärst was Besseres.

RUTH: Wieso?

TOBIAS: Meinst du etwa, Gott liebt nur dich?

RUTH: Blödsinn. Kennst du denn nicht das Lied *(singt)* „Ja, Gott hat alle Kinder lieb, jedes Kind in jedem Land..."

TOBIAS: Klar kenn ich das Lied, das singen wir doch immer im Mini-Club.

RUTH: Siehst du, Tobias. Wenn Gott alle Kinder lieb hat, dann hat er dich auch lieb.

TOBIAS: Und woher hast du das schöne Herz?

RUTH: Das haben wir letzte Woche im Mini-Club gebastelt. Und die Geschichte dazu war ganz besonders schön, weil sie von uns Kindern handelte - und von Jesus natürlich.

Tobias: Echt - erzähl doch mal! Ich bin ganz gespannt.

RUTH: Jesus war mal wieder mit seinen Freunden unterwegs, um den Menschen von Gott zu erzählen. Viele, viele Menschen hatten sich um ihn versammelt. Alle wollten Jesus sehen und das hören, was er von Gott erzählt.

TOBIAS: Auch Kinder?

RUTH: Ja, auch Kinder waren dabei.

TOBIAS: Ganz alleine? Ohne Eltern?

RUTH: Nein, mit ihren Eltern natürlich. Und die Eltern wollten die Kinder zu Jesus bringen.

TOBIAS: Wieso denn das?

RUTH: Jesus sollte die Kinder segnen.

TOBIAS: Wie geht das denn - segnen?

RUTH: Jesus sollte die Hand auf den Kopf der Kinder legen, damit sie spüren, dass Jesus sie lieb hat. Doch das war gar nicht so einfach. Die Freunde von Jesus wollten die Eltern mit ihren Kindern nämlich nicht durchlassen. Sie meinten, Kinder sind noch zu klein und verstehen sowieso nicht, was Jesus sagt.

TOBIAS: Wie können die so etwas sagen? Ich weiß schon eine ganze Menge von Jesus. – Und ich kenne viele Lieder mit Jesus. Haben sich die Eltern das eigentlich gefallen lassen?

Ruth: Die Eltern waren traurig und die Kinder natürlich auch. Sie wollten doch so gerne zu Jesus. Doch Jesus schickte sie nicht weg, sondern freute sich über die Kinder, die zu ihm gebracht wurden. Und er sagte zu seinen Freunden: „Lasst die Kinder vorbei, sie sollen alle zu mir kommen, denn sie sind Gott ganz nah." Und dann legte er ihnen die Hände auf den Kopf und segnete sie. Da wussten die Kinder ganz genau, Gott liebt sie.

TOBIAS: Das ist aber eine schöne Geschichte. *(schaut wieder auf das Herz, greift in die Richtung)* Jetzt möchte ich auch so ein Herz haben.

RUTH: Dann komm doch mit in den Mini-Club! Da basteln wir heute Herzen.

Bewegungsspiele und Fingerspiele

<u>Gott liebt alle Kinder</u>

Gott	*nach oben zeigen*
liebt	*auf das Herz zeigen*
alle Kinder	*nacheinander auf die Kinder zeigen*
in der Nähe	*auf den Boden zeigen*
und in der Ferne.	*weit in die Ferne zeigen*
Alle, alle	*nacheinander auf die Kinder zeigen*
hat er so gerne.	*auf das Herz zeigen*
Egal, ob rotes, schwarzes, blondes Haar	
	Kindern durch die Haare wuscheln
oder ein Lockenkopf	*Haare kringeln*

sogar Gottes	*nach oben zeigen*
Liebe	*auf das Herz zeigen*
ist für jeden von uns da.	*auf die anderen zeigen, dann auf uns selbst zeigen*
Egal, ob gelbe, weiße, schwarze Haut,	*über die Hand des Kindes streichen*
Gott ist es,	*nach oben zeigen*
der in unser Herz nur schaut.	*auf das Herz zeigen*

<u>Jesus, unser bester Freund</u>

Alle Kinder,	*nacheinander auf alle Kinder zeigen*
hört mal her:	*eine Hand hinter das Ohr legen*
Jesus	*nach oben zeigen*
liebt	*auf das Herz zeigen*
euch	*nacheinander auf alle Kinder zeigen*
sooo sehr!	*beide Arme nach oben strecken*
Egal, ob ihr schon groß seid	*Arm heben*
oder noch ganz klein -	*Arm weit senken*
Jesus	*nach oben zeigen*
möchte euer Freund sein.	*Arm um die Schulter des Kindes legen*
Niemals	*Kopf schütteln*
schickt Jesus euch fort -	*weit in die Ferne zeigen*
nein, nein, nein!	*Kopf schütteln*
Jesus	*nach oben zeigen*
möchte euer bester Freund sein.	*Arm um die Schulter des Kindes legen*
Drum klatscht nun in die Hände	*in die Hände klatschen*
und ruft laut „hurra!“,	*„hurra!“ rufen*
denn Jesus	*nach oben zeigen*
ist unser bester Freund	*Arm um die Schulter des Kindes legen*
und immer für uns da.	*auf den Boden zeigen*
Und nun hört alle noch mal her:	*eine Hand hinter das Ohr legen*
Jesus	*nach oben zeigen*
liebt	*auf das Herz zeigen*
euch	*nacheinander auf alle Kinder zeigen*
soo sehr!	*beide Arme nach oben strecken*

Lieder
Ja, Gott hat alle Kinder lieb
Gott hat Kinder lieb
Einfach spitze
Gott ist spitze
1, 2, 3, hier geht es rund
Gott mag Kinder
Volltreffer
Ich schmeiß die Arme

Reigen

„Kinder, kommt, nun tanzen wir" (Melodie: Brüderchen, komm tanz mit mir)
Die Kinder nehmen sich an der Hand und tanzen im Kreis. Es ist auch möglich, dass die Kinder bei „er liebt dich" auf den rechten Nachbarn zeigen, bei „er liebt mich" auf sich selbst und bei „liebt uns alle unendlich" im Takt in die Hände klatschen.

Kinder, kommt, nun tanzen wir!
Gott geht mit dir und mit mir.
Er liebt dich, er liebt mich,
liebt uns alle unendlich.
Kinder, kommt, nun tanzen wir!
Gottes Liebe gilt auch dir.
Er liebt dich, er liebt mich,
liebt uns alle unendlich.

Aktion
An diesem Tag würde es sich gut anbieten, ein Gruppenfoto zu machen und dieses auf das Herz zu kleben.

Bastelideen

Herzen zum Umhängen
Aus rotem Tonkarton schneiden wir Herzen aus. Auf die eine Seite

schreiben wir „Ja, Gott hat alle Kinder lieb". Auf die andere Seite schreiben wir „Gott liebt (Name des Kindes). Mit Fingerfarbe geben wir auf diese Seite einen Fingerabdruck des Kindes. Das Herz wird gelocht und mit einem Band versehen, so dass es umgehängt oder aufgehängt werden kann.

Herz für die Gruppe

In der Größe eines Tonkartons schneiden wir ein Herz aus. Auf dieses Herz geben wir von jedem Kind einen Handabdruck. Unter den Handabdruck schreiben wir den Namen und das Geburtsdatum des jeweiligen Kindes. Zusätzlich können wir nun noch ein Foto (Passfotogröße) des Kindes neben oder auf den Handabdruck kleben. Dieses Herz sollte nun auf jeden Fall den Gruppenraum schmücke und kann gleichzeitig als Geburtstagskalender dienen. Fehlen an diesem Tag Kinder oder kommen beim nächsten Mal neue Kinder dazu, sollte der Handabdruck nachgeholt werden. In die Mitte des Herzens schreiben wir: „Ja, Gott hat alle Kinder lieb."

Handabdruck

Der Handabdruck des Kindes wird auf ein Stück Tonkarton oder ein Stück Papier gedrückt. Diesen Vorgang kann man ruhig mehrmals wiederholen, um ein nettes Geschenk für andere zu haben, z.B. für die Großeltern. Auf der Rückseite wird das Datum des Abdrucks notiert.

Handpuppen aus Waschhandschuhen

Anleitung siehe Seite 17.

Gemeinsam stellen wir fest, dass jede Puppe anders aussieht. Dann sprechen wir die Unterschiede der einzelnen Handpuppen an und erklären den Kindern, dass wir auch alle verschieden sind. Jeder ist einzigartig, ein Original! Und jeder ist ein von Gott geliebter Mensch, so unterschiedlich wir auch sind. Daran sollen die Handpuppen erinnern.

Gebet

Guter Gott,
du liebst uns alle, Groß und Klein -
dafür wollen wir dir dankbar sein.
Die Kinder waren, großer Gott, für dich
schon immer sehr, sehr wichtig.
In Freuden nahmst du sie an
und hast große Dinge an ihnen getan.
Für deine Liebe danken wir dir sehr -
du bist unser großer Herr.

Segen

Guter Gott,
segne du alle, Groß und Klein!
Ein Freund der Kinder willst du sein.
Wir kommen zu dir,
du beschenkst uns mit deinem Segen,
wir dürfen ins in deine Arme legen.

4. Gott liebt jeden

Bibeltext

Römer 15,7. Jeden annehmen

Rollenspiel „Mich mag keiner"

Personen: Sprecher, Klappmaulpuppe Charly

CHARLY: Guck mal da, die Kinder haben ja alle ihre Autos mitgebracht! Und ich freu mich ja so!

SPRECHER: Worüber freust du dich denn so, Charly?

CHARLY: Na, weil mein Auto das schönste von allen ist. So ein schönes Auto wie ich hat keiner hier!

SPRECHER: Aber Charly, wie kommst du denn darauf?

CHARLY: Gefällt dir mein Auto etwa nicht?

SPRECHER: Doch schon, aber... (zögernd)

CHARLY: Na siehst du! Mir auch. Die anderen Autos hier sind doch alle blöd.

SPRECHER: Aber Charly! Wieso sind denn die anderen Autos alle blöd? Mir gefallen sie. Und ich glaube, den Kindern gefallen sie auch.

CHARLY: Wetten, dass alle neidisch sind auf mein tolles Auto?

SPRECHER: Du bist ja ganz schön eingebildet, Charly.

CHARLY: Aber wenn mein Auto doch nun mal schöner ist und schneller ist mein Auto auch!

SPRECHER: Aha!

CHARLY: Mein Auto ist schöner und schneller, schöner und schneller, schöner ...

SPRECHER: *(streng)* Schluss jetzt, Charly! Es reicht! Man gibt nicht so an. Außerdem stimmt es gar nicht, was du sagst. Dein Auto ist weder schöner, noch ist es schneller als die anderen Autos hier. *(Charly senkt traurig den Kopf.)*

SPRECHER: Hey, Charly, was ist denn mit dir los?

CHARLY: Lass mich! *(abwehrend)*

SPRECHER: Du warst doch gerade noch so vergnügt.

CHARLY: Na und!

SPRECHER: Komm, sag schon, Charly - was hast du?

CHARLY: Ich bin ja soo traurig.

SPRECHER: Wieso bist du denn traurig, Charly?

CHARLY: Na, weil mein Auto nicht schöner und schneller ist als alle anderen Autos hier. Und ich dachte, mein Auto wäre was ganz Besonderes.

SPRECHER: So, so!

CHARLY: Alle hätten mich dann bewundert. Aber jetzt mag mich wohl keiner.

SPRECHER: Aber Charly! Wieso mag dich denn jetzt keiner?

CHARLY: Na, weil ich nichts Besonderes hab.

SPRECHER: Ich glaube, die Kinder mögen dich trotzdem, Charly.

CHARLY: Meinst du wirklich?

SPRECHER: Klar, Charly! Und ich kenne sogar einen, der dich auf jeden Fall liebt. Einen, der dich so liebt, wie du bist, Charly.

CHARLY: So, wer soll das denn sein? Sag schon, wer? Wer liebt mich?

SPRECHER: Gott, Charly. Gott liebt dich.

CHARLY: Gott?

SPRECHER: Genau, Charly, Gott. Gott liebt dich so, wie du bist.

CHARLY: So wie ich bin?

SPRECHER: Richtig, Charly. Gott liebt uns alle so, wie wir sind.

CHARLY: Du meinst, Gott liebt uns alle?

SPRECHER: Richtig, Charly. Gott liebt uns alle.

CHARLY: Hey, Kinder! Habt ihr das gehört? Gott liebt uns alle!

Bewegungsspiel „Gott liebt uns, wie wir sind"

Bei Gott	*nach oben zeigen*
müssen wir weder die Schnellsten	*schnell auf der Stelle laufen*
noch die Stärksten	*eine Faust machen*
noch die Besten sein,	*Arme nach oben strecken*
nein, nein, nein!	*Kopf schütteln*
Gott	*nach oben zeigen*
schaut	*eine Hand über die Augen legen*
allein in unser Herz hinein.	*auf unser Herz zeigen*
Gott	*nach oben zeigen*
liebt	*auf das Herz zeigen*
uns so, wie wir sind.	*an uns herunter zeigen*

Vor lauter Freude klatschen wir in die Hände ganz geschwind.
in die Hände klatschen

Lieder

Ja, Gott hat alle Kinder lieb
Gott hat ja zu mir gesagt
Gott hat Kinder lieb
Gott ist spitze
1, 2, 3 hier geht es rund
Gott mag Kinder
Volltreffer
Kommt alle und singet

Bastelideen

Die höchste Auszeichnung
Aus Pappe wird ein Kreis von ca. 10 cm Durchmesser ausgeschnitten. Auf diesen Kreis wird mit Doppelklebeband von beiden Seiten Alufolie oder Goldpapier aufgeklebt. Auf ein Stück farbigen Tonkarton schreiben wir: „Gott liebt (Name des Kindes)". Damit sich die Kinder die Medaille auch umhängen können, lochen wir sie und versehen sie mit einem Band.

Rutschauto aus Pappkartons
Mit einfachen Mitteln und zur großen Freude der Kinder können wir Rutschautos sehr leicht selbst herstellen. Diese Autos sind bei den Kindern wirklich sehr beliebt! Wir sollten ihnen also diese Freude machen, uns stabile Pappkartons besorgen, die so groß sind, dass ein Kind ausreichend Platz zum Sitzen hat, und uns an die Arbeit begeben.
Die Kartons werden außen mit Fingerfarbe wie ein Auto bemalt. Bereits Einjährige können dabei mithelfen und haben in der Regel großen Spaß bei der Arbeit. Entweder man belässt es bei diesem einen Karton oder man klebt zusätzlich einen kleinen Karton als Motor mit Klebeband an den großen Karton. Aus stabiler Pappe wird das Lenkrad ausgeschnitten. Dieses Lenkrad lässt sich mit Draht am Karton befestigen. Es ist aber auch möglich, dass die Kinder das Lenkrad lose in der Hand halten.
Aus farbigem Tonkarton werden die Räder ausgeschnitten und mit Doppelklebeband auf das Auto geklebt. Eine kleine Hupe oder Fahr-

radklingel vervollständigt die Ausrüstung. Das Nummernschild besteht aus farbigem Tonkarton. Es wird mit dem jeweiligen Namen des kleinen Besitzers beschriftet. Damit die Kinder ihr Auto sofort wieder erkennen, kleben wir einen kleinen Führerschein in das Auto, der selbstverständlich ein Foto des Kindes enthält.
Damit das Auto besser rutscht, kann man unter dem Karton mit Doppelklebeband ein flaches Kissen befestigen. Und los geht die Fahrt! Das klappt auf glatten Fußböden ausgezeichnet. Welch ein Vergnügen!

Rennwagen

Dieser Rennwagen wird aus einer Zahnpastaschachtel gebastelt. Durch den vorderen und hinteren Bereich der Schachtel wird jeweils ein Rundstab (ca. 0,5 cm dick und 14 cm lang) gesteckt. Als Räder dienen Garnrollen, die auf die Rundstäbe gesteckt werden. Aus dünner Pappe werden Pappscheiben ausgeschnitten und auf die Stäbe gesteckt. Die Enden der Stäbe werden mit Gewebeklebeband umwickelt. Als Auspuff dient ein Stück Strohhalm.
Vor dem Basteln des Rennwagens können die Kinder die Schachtel entweder mit Fingerfarbe bemalen (Schachtel zuvor auf die linke Seite drehen und zukleben) oder mit Buntpapier bekleben. Von einem Foto unseres Kindes schneiden wir lediglich den Kopf aus, der auf den fertigen Rennwagen als Fahrer geklebt wird. Seitlich beschriften wir den Wagen mit der Aufschrift „Gott liebt (Name des Kindes)".

Rennstrecke

Besonders schön ist es, wenn wir für die gebastelten Rennwagen nun eine Rennstrecke erstellen. Auf ein großes Stück Packpapier zeichnen wir mit Filz- oder Wachsmalstiften eine Rennstrecke. Eventuell zeichnen wir noch zusätzlich Häuser oder Bäume auf. Und schon kann, zur großen Freude der Kinder, die Fahrt losgehen.

Garage für den Rennwagen

Aus einem Schuhkarton ohne Deckel lässt sich sehr schnell eine Garage für den Rennwagen erstellen: Dazu wird der Schuhkarton so hingestellt, dass die geschlossene Seite nach oben zeigt. Nun schneiden wir in den Karton auf der schmalen Seite eine Tür, die so groß sein muss, dass der Rennwagen hindurchpasst.

Nun befestigen wir das beim Herausschneiden der Tür entstandene Rechteck mit Draht am Karton, so dass ein Garagentor entsteht, das auf- und zugemacht werden kann. Auf das Garagentor schreiben wir den Namen des jeweiligen kleinen Besitzers. In das Garagendach sollte ein Fenster geschnitten werden, damit die Kinder jederzeit in die Garage gucken können. Nun kann das Garagentor mit passenden Motiven beklebt werden. Das Dach bekleben wir mit Wolken und einer Sonne. Seitlich bekleben wir die Garage mit Bäumen und Tieren.

Auto aus Tonkarton

Aus Tonkarton schneiden wir ein Auto aus. Von einem Foto unseres Kindes schneiden wir lediglich den Kopf aus, den wir nun als Fahrer auf das Auto kleben. Auf das Auto schreiben wir „Gott liebt (Name des Kindes)".

Spiele mit dem Bobbycar

Jedes Kind bringt sein Bobbycar mit. Mit den Bobbycars veranstalten wir ein Bobbycar-Wettrennen. Die Eltern können z.B. einen Tunnel bilden, indem sie sich breitbeinig hinstellen. Außerdem können die Autos mit einem dicken Band aneinandergeknotet werden und so in einer langen Reihe durch den Raum fahren. Große Kartons (z.B. von Waschmaschinen oder Fernsehern) dienen als Garage. Für das Rollenspiel setzen sich die Kinder zum Zuhören auf die Autos.

Gebet

Guter Gott, du liebst uns alle, Groß und Klein.
Vor dir müssen wir nicht die Größten oder die Schnellsten sein.
Du liebst uns so, wie wir sind,
einen jeden hier, wir danken dir dafür.

Segen

Es segne dich Gott, der Herr,
er liebt dich so sehr.
Er segne dich, ob du groß bist oder klein,
er möchte mit seinem Segen bei dir sein.

5. Ich bin aber nicht Charly

Bibeltext

Johannes 3,16. Gott liebt jeden Einzelnen

Rollenspiel „Ich bin aber nicht Charly"

Personen: Sprecher, Klappmaulpuppe Charly

Es bietet sich an, diese Gruppenstunde in der Karnevalszeit durchzuführen.

Charly hat sich mit einem lustigen Hut und einem Schal verkleidet.

SPRECHER: Hallo Charly! *(Charly sagt nichts.)* Sag mal, sprichst du etwa nicht mehr mit mir? *(kurze Pause)* Charly, was ist denn los? Seltsam, Kinder, was der Charly wohl hat? Spricht einfach nicht mehr mit mir! Und wie der heute aussieht! Dieser komische Hut und der Schal. Das passt doch gar nicht zu unserem Charly. Meint ihr nicht auch, Kinder? Beinah hätte ich den Charly gar nicht wieder erkannt. Komm, Charly, jetzt sag doch mal was! Am besten, wir rufen mal alle den Charly. Charly! Charly! *(Sprecher und Kinder rufen. Charly antwortet immer noch nicht.)* Wisst ihr was, da hilft nur noch auskitzeln. *(Sprecher kitzelt Charly aus, er lacht.)*

CHARLY: Hihi! Lass das! Hihi!

SPRECHER: Na also, und wir dachten schon, du kannst nicht mehr sprechen, Charly.

CHARLY: Charly? Wer ist Charly? Ich kenne keinen Charly.

SPRECHER: Ich schon. Du bist Charly, und das weißt du genau.

CHARLY: Ich bin doch nicht Charly. Sieht so etwa Charly aus? Hat Charly so einen Hut und so einen Schal?

SPRECHER: Wisst ihr was, Kinder? Ich hab da 'ne Idee. Sollen wir dem Charly mal einen Streich spielen? Also passt mal auf, was ich jetzt mache! *(Sprecher weint, schluchzt.)* Ich bin ja soo traurig. Der Charly ist nicht mehr da. Mein bester Freund ist verschwunden, einfach weg. Was mach ich jetzt nur ohne meinen Charly? Ich bin ja soo traurig! *(Sprecher weint.)* Wo kann denn bloß mein Charly sein?

CHARLY: Hier bin ich doch!

SPRECHER: Ach du! Du bist doch nicht mein Charly. *(laut weinend)*

CHARLY: Natürlich bin ich dein Charly. Ich bin dein Charly! Ich bin dein Charly!

SPRECHER: Ist ja gut, Charly. Ist ja gut!

CHARLY: Oh, du hast ja Charly zu mir gesagt. Bin ich froh!

SPRECHER: Aber wieso wolltest du denn eigentlich nicht mehr Charly sein?

CHARLY: Na, weil ich mich nicht mehr mochte. Ich wollte mich hinter der Verkleidung verstecken. Ich dachte, ich könnte so jemand anders sein.

SPRECHER: So, so! Ist dir aber nicht so recht gelungen, Charly.

CHARLY: Tja, aber war ja auch nicht mehr nötig.

SPRECHER: Wieso?

CHARLY: Na, als ich merkte, wie sehr du mich vermisst hast, wusste ich, dass du mich liebst.

SPRECHER: Natürlich liebe ich dich, Charly!

CHARLY: Weiß ich jetzt auch!

SPRECHER: Weißt du denn auch, dass es noch jemanden gibt, der dich von ganzem Herzen liebt, Charly?

CHARLY: Wirklich? Sag schon - wer liebt mich? Wer?

SPRECHER: Na, überleg doch mal, Charly! Wer könnte das wohl sein?

CHARLY: Weiß nicht - keine Ahnung. Wer kann mich schon lieben?!

SPRECHER: Aber Charly!

CHARLY: Manchmal mag ich mich selbst nicht. Wie kann mich denn dann jemand anders lieben?

SPRECHER: Gott kann das, Charly. Gott liebt uns Menschen so, wie wir sind.

CHARLY: Oh - toll!! Gott liebt mich. Habt ihr das alle gehört? Gott liebt mich und euch auch. Lasst uns das mal alle zusammen rufen: Gott liebt diese Welt!

(alle rufen gemeinsam) Gott liebt diese Welt!

Lieder

Ja, Gott hat alle Kinder lieb
Gott hat ja zu mir gesagt
Gott hat Kinder lieb

Gott ist spitze
1, 2, 3 hier geht es rund
Gott mag Kinder
Volltreffer
Kommt alle und singet

Aktionen

Modenschau

Nach dem Verkleidungsspiel (s.u.) lässt sich direkt eine Modenschau anschließen. Wenn man eine kreative Ansagerin hat, die spontan etwas zu den entstandenen Modellen sagt, wäre das gut. Der Fotoapparat darf an so einem Tag natürlich nicht fehlen!
Alternativ könnte jeder seine eigene Verkleidung mitbringen und vorführen, da wäre auch ein Wechsel möglich.

Schminken

Mit Kinderschminke können den Kindern lustige Gesichter geschminkt werden. Wer wollte nicht immer schon mal gerne ein Clown sein oder ein Pirat? Oder lieber ein Tiger oder ein Zebra? Oder ein ...
Die Kinder haben viel Spaß. Gut ist es, wenn viele Helferinnen bereitstehen, damit die Kinder schnell drankommen. Der Fotoapparat darf hier natürlich auch nicht fehlen!

Bastelideen

Spieglein, Spieglein auf dem Herzen

Aus Tonkarton schneiden wir ein Herz aus. Auf dieses Herz kleben wir mit Doppelklebeband einen Spiegel. Unter den Spiegel schreiben wir „Gott liebt dich". Das Herz wird gelocht. Dann versehen wir es mit einem Band.

Tellermaske

In einen weißen Pappteller schneiden wir drei Löcher, zwei für die Augen und eins für die Nase. Der Mund und die Ohren werden aufgemalt. Die Haare werden z.B. aus Kreppband oder Wolle aufgeklebt. Sollen die Kinder die Maske aufsetzen, so heften wir ein Stück Fadengummi mit einem Klammeraffen an den Seiten fest.

Spiele

Verkleidungsspiel

Jeder bringt lustige Verkleidungsstücke mit. Das können z.B. Hüte, Mützen, Duschhauben, Tücher usw. sein. Dann werden alle Verkleidungsstücke in einen großen Sack gelegt. Eltern und Kinder bilden einen großen Kreis. Nun wird dieser Sack, eventuell von Musik begleitet, reihum weitergegeben. Jeder darf sich mit verschlossenen Augen ein Kleidungsstück herausnehmen und muss es danach anziehen. Die Überraschung ist oft groß! Das Gelächter auch!

Gebet

Guter Gott,
manchmal möchten wir uns gern verstecken oder verkleiden,
denn wir haben Angst, uns kann sonst keiner leiden.
Wie du uns gemacht hast, so liebst du jeden hier
und dafür danken wir dir.

Segen

Es segne dich Gott, der Herr,
er liebt dich so sehr.
Es segne dich Gott, der Herr –
er schuf dich einzigartig und wunderbar,
ohne ihn wärst du nicht da.
Gott, der Herr, segne deinen Glauben
und dein Vertrauen, auf seine Liebe zu bauen.

6. Kein Anschluss unter dieser Nummer

Bibeltext

Psalm 50,15. Gott ist immer erreichbar

Rollenspiel „Immer besetzt"

Personen: Sprecher, Klappmaulpuppe Charly

Charly hält ein Telefon in der Hand und versucht völlig verzweifelt, jemanden zu erreichen.

CHARLY: Besetzt! Nun leg doch schon endlich auf! Quasselstrippe! Dann ruf ich eben Toni an! *(Charly wählt)* 34478. Nun geh doch schon endlich dran! Hm - keiner da, so ein Mist! *(kurze Pause)* Wen könnte ich denn sonst noch anrufen? Ach, ich weiß. Ich rufe Mäggy an. Mäggy hat bestimmt Zeit. *(Charly wählt)* 12378. Häh?! Was soll das denn? Kein Anschluss unter dieser Nummer? Das gibt es doch gar nicht!

SPRECHER: Was ist denn los, Charly? Warum schimpfst du denn so?

CHARLY: Ach, ich bin sauer! Keiner da, mit dem ich reden kann. Da hat man so viele Freunde, und wenn man jemanden zum Reden braucht, ist keiner da. Keiner hat Zeit für mich.

SPRECHER: Das ist wirklich sehr ärgerlich, Charly.

CHARLY: Dabei muss ich jetzt unbedingt mit jemandem reden. Ich bin ja soo traurig. Was mach ich denn jetzt? Kannst du mir das sagen?

SPRECHER: Also - ich kenne jemanden, der ist immer da, wenn du ihn brauchst. Den kannst du jederzeit anrufen und mit ihm reden.

CHARLY: Jemand, der immer Zeit für mich hat? Wer soll das denn sein? So jemanden gibt es doch gar nicht.

SPRECHER: Doch, Charly. So jemanden gibt es.

CHARLY: Wer soll das denn sein? Jemand, der immer Zeit für mich hat? Jetzt sag schon endlich!

SPRECHER: Gott, Charly. Gott hat immer Zeit für dich. Du kannst jederzeit mit Gott reden.

CHARLY: Dann sag mir jetzt mal bitte ganz schnell Gottes Telefonnummer!

SPRECHER:	Du brauchst kein Telefon, Charly.
CHARLY:	Wie? Kein Telefon? Aber wie soll ich denn ohne Telefon mit Gott reden? Kapier ich nicht!
SPRECHER:	Indem du deine Hände faltest und betest, Charly.
CHARLY:	Und das hört Gott?
SPRECHER:	Garantiert, Charly. Das hört Gott. Du kannst ihm alles sagen, was dich traurig macht. Gott hört dich und er hilft dir.
CHARLY:	Hm - wenn du meinst. Dann werde ich jetzt mal zu Gott telefonieren. Ach, Quatsch! Beten, meine ich natürlich. Endlich jemand, der Zeit für mich hat. Tolle Sache mit dem Beten!

Bewegungsspiele

<u>Gott hört immer zu</u>

Gott	*nach oben zeigen*
ist groß!	*Arm so hoch wie möglich heben*
Gott	*nach oben zeigen*
ist stark!	*Faust machen*
Gott	*nach oben zeigen*
ist gut!	*Daumen nach oben zeigen*
Gott	*nach oben zeigen*
ist immer da,	*auf den Boden zeigen*
Gott	*nach oben zeigen*
ist uns immer nah!	*Arme über der Brust verschränken*
Gott	*nach oben zeigen*
hört uns immer zu!	*eine Hand hinter das Ohr legen*
Reden wir	*auf den Mund zeigen*
zu Gott	*nach oben zeigen*
im Gebet.	*Hände falten*
Gott ist es,	*nach oben zeigen*
der uns hört	*eine Hand hinter das Ohr legen*
und versteht.	*auf den Mund zeigen*

<u>Halli hallo, was mach ich nun?</u>

Das Telefon	*mit einer Hand eine Faust machen und an das Ohr halten*

ist ein tolles Ding!	*Daumen nach oben zeigen*
Ich rufe gern an,	*mit einer Hand eine Faust machen*
ringeling, ringeling, ringeling.	*und an das Ohr halten*
Halli hallo, es geht niemand dran,	*mit dem Kopf schütteln*
dem ich alles erzählen kann.	*auf den Mund zeigen*
Halli hallo, was mach ich nun?	
Mit wem kann ich reden,	*auf den Mund zeigen*
was soll ich jetzt tun?	*mit den Achseln zucken*
Rede	*auf den Mund zeigen*
mit Gott	*nach oben zeigen*
im Gebet!	*Hände falten*
Gott ist es,	*nach oben zeigen*
der dich hört	*eine Hand hinter das Ohr legen*
und versteht.	*nicken*

Gott hört mich

Gott	*nach oben zeigen*
hört	*eine Hand hinter das Ohr legen*
mich,	*auf uns zeigen*
Gott	*nach oben zeigen*
hört	*eine Hand hinter das Ohr legen*
dich.	*auf die anderen zeigen*
Sprich	*Hände falten*
mit Gott!	*nach oben zeigen*
Beten	*Hände falten*
ist toll!	*vor Freude in die Hände klatschen*

Lieder

Guter Gott, du hörst zu (Melodie: Bruder Jakob)

1. Guter Gott, guter Gott,
du hörst zu, du hörst zu,
wenn wir mit dir reden, wenn wir mit dir reden,
vielen Dank, vielen Dank.

2. Guter Gott, guter Gott,
jederzeit, jederzeit
bist du für uns offen, bist du für uns offen,
hörst uns zu, hörst uns zu.

3. Guter Gott, guter Gott,
allen Kummer, allen Kummer
und auch alle Sorgen und auch alle Sorgen
hörst du an, hörst du an.

4. Guter Gott, guter Gott,
deine Antwort, deine Antwort,
wenn wir zu dir beten, wenn wir zu dir beten,
kommt bestimmt, kommt bestimmt.

5. Guter Gott, guter Gott,
du hilfst uns, du hilfst uns,
denn du liebst uns mächtig, denn du liebst uns mächtig –
vielen Dank, vielen Dank.

6. Guter Gott, guter Gott,
Lob und Dank, Lob und Dank
sei dir immer wieder, sei dir immer wieder
jetzt und hier, jetzt und hier.

weitere Lieder
Danke, Herr Jesus, hab Dank, Herr
Das Zentralbüro
Danke, für diesen guten Morgen

Aktion
Die Mütter schreiben verschiedene Gebetsanliegen auf kleine Zettel. Zum Abschluss werden die Anliegen vor Gott gebracht und an eine Pinnwand angepinnt.

Bastelideen

Gebetbuch

Verschiedene Kindergebete (evtl. Gebetbücher zur Hilfe nehmen) auf DIN-A5-Papier schreiben. Das Papier sollte kindgerecht gestaltet sein, z.B. lustige Motive aus Malbüchern kopieren. Dann kopieren wir die fertig beschrifteten Seiten nach Möglichkeit auf farbiges Papier. Für sehr kleine Kinder sollte man die Gebete auf Pappe kleben oder kopieren. Danach lochen wir die einzelnen Seiten.
Für die Buchdeckel benötigen wir stabilen Karton oder Pappe. Das Buchcover bekleben wir mit einem passenden Motiv, wie z.B. einem Telefon oder einem betenden Kind. Ein möglicher Titel könnte lauten „(Name des Kindes) Gebetbuch". Auch die Buchdeckel werden gelocht und dann binden wir das Gebetbuch mit einem Band zusammen.

Sprachrohr

Dazu wird eine lange Papprolle benötigt, z.B. von einer Küchenrolle oder von Haushaltsfolie. Zunächst wird die Papprolle von den Kindern mit Wachsmalstiften oder mit Buntstiften bemalt, sie kann auch mit Buntpapier beklebt werden. Nun werden verschiedene Gebete auf kleine Zettel geschrieben oder kopiert und mit Doppelklebeband auf das Sprachrohr geklebt.

Gebetswürfel für die Gruppe

Gebete für die Gruppenstunde schreiben wir auf einen quadratischen Karton, den wir zuvor mit buntem Tonkarton bekleben und mit Erbsen füllen. Um die Kinder mit einzubeziehen, können diese den Tonkarton vor dem Beschriften bemalen oder bekleben. Außerdem eignen sich die Bastelideen des Themas Erntedank (s. Seite 199/200). Gebetswürfel, Gebetshand und Gebetsschachtel werden dort vorgestellt.

Büchsentelefon

So ein Büchsentelefon ist für die Kinder eine tolle Sache und lässt sich aus zwei Blechdosen (nicht allzu hoch) schnell herstellen. Nun wird in den Boden jeder Dose mit Hilfe eines Nagels ein Loch geschlagen. In die beiden entstandenen Löcher wird eine ca. 5 m lange Schnur geführt, die wir mit einem Knoten in jeder Dose vor dem Herausrutschen sichern. Nun wird die Schnur gespannt, die Dosen ans Ohr bzw. den Mund gehalten und los geht's mit dem Telefonieren: „Hallo, Hallo ......!"

Gebet

Guter Gott,
jederzeit dürfen wir mit dir reden – immer bist du für uns da.
Du hörst wirklich jeden, und jedem bist du nah.
Allen Kummer, alle Sorgen dürfen wir dir bringen –
du hilfst uns in allen Dingen.
Nichts ist für dich zu groß,
nichts ist für dich zu klein,
immer willst du unser Helfer sein.
Guter Gott, wir danken dir
von ganzem Herzen nun dafür.

Segen

Gott, der Herr, segne dein Reden
und er segne dein Vertrauen,
auf seine Hilfe nun zu schauen.
Er segne deine Zuversicht,
dass Gott Gebete hört, wie er es verspricht.
Er segne deinen Glauben nun,
dein Hoffen auf Wunder – er kann sie tun.

7. Ihm zur Ehre soll es klingen

Bibeltext
Psalm 150. Alle Instrumente loben Gott

Rollenspiel „Es singt und klingt"
Personen: Sprecher, Klappmaulpuppe Charly

Die Kinder haben ihre selbst gebastelten Instrumente in der Hand oder vor sich liegen.

CHARLY: Die Kinder haben ja heute alle Instrumente mitgebracht!

SPRECHER: Die Instrumente haben wir heute gebastelt, Charly.

CHARLY: Selbstgebastelte Instrumente, das ist ja toll! So was Tolles macht ihr hier? Kann man damit denn auch richtig Musik machen?

SPRECHER: Klar kann man damit richtig Musik machen, Charly!

CHARLY: Darf ich mal hören, wie das klingt? Kinder, spielt ihr mir mal bitte was vor?

SPRECHER: Kommt, sollen wir dem Charly mal den Gefallen tun und ihm was vorspielen? *(Kinder machen Musik.)*

CHARLY: Das hört sich ja richtig toll an, Kinder. Und ihr habt ja so viele verschiedene Instrumente: Trommeln, Rasseln und sogar ein Glasklavier! Und die andern Instrumente kenn ich gar nicht.

SPRECHER: Ja, die Kinder haben sich ganz viel Mühe beim Basteln gegeben. Und durch die vielen verschiedenen Instrumente hört sich die Band ganz toll an.

CHARLY: Das kann man wohl sagen. Gefällt mir echt gut, die Musik! Wieso hast du heute denn schon wieder eine Bibel dabei? Ich dachte, wir hören jetzt noch weiter tolle Musik, und da willst du uns schon wieder was aus der Bibel erzählen. Muss das denn sein?

SPRECHER: Ich wollte heute nichts erzählen, sondern etwas vorlesen.

CHARLY: Vorlesen? Ist ja noch schlimmer! Dann fang schon endlich an, ich will schließlich noch Musik hören!

SPRECHER: Genau darum geht es bei mir auch. Ich wollte euch nämlich einen Psalm vorlesen.

CHARLY: Einen Psalm? Nie gehört! Was ist das denn?

SPRECHER: Psalmen sind Lobgesänge. In der Bibel gibt es ein ganzes Buch, das nennt sich die Psalmen. Mit den Psalmen haben die Menschen Gott gelobt. Meist wurden sie gesungen. Oft wurde auch noch Harfe dazu gespielt.

CHARLY: Und so was willst du uns jetzt vorlesen, häh?

SPRECHER: Genau, Charly. Ich wollte euch Psalm 150 vorlesen.

CHARLY: Ist der lang?

SPRECHER: Nein, Charly, eher kurz.

CHARLY: Na, dann lies schon endlich vor! *(Sprecher liest Ps 150 vor.)*

CHARLY: Ein ganzes Orchester!

SPRECHER: Wieso?

CHARLY: Na, was da alles für Instrumente drin vorkommen. Lies die Instrumente doch bitte noch einmal vor!

SPRECHER: Posaunen, Harfe, Zither, Tamburin, Flöte, Zimbel und Pauke.

CHARLY: Und die haben alle für Gott gespielt? Wieso denn?

SPRECHER: Um Gott zu loben, um ihn zu ehren und um ihm zu danken.

CHARLY: Loben, danken und ehren kann man auch mit Musik? Ich dachte, das geht nur, wenn man betet.

SPRECHER: Nein, es geht auch mit Musik. Und es ist sogar eine sehr schöne Sache, Gott auf diese Weise zu loben.

CHARLY: Hm. Und du meinst, das gefällt Gott? Manchmal klingt es ja ein wenig schief. Ich meine, wenn ich da so an mein Singen denke?! Und du singst ja noch viel schiefer als ich. Ich kann mir gar nicht vorstellen, dass Gott unser Singen gefällt.

SPRECHER: Da kommt es beim Singen und Musizieren nicht drauf an, Charly. Natürlich ist es schöner, wenn jemand gut singen kann, aber wichtig ist allein, dass unser Singen von Herzen kommt.

CHARLY: Wie meinst du das denn jetzt schon wieder?

SPRECHER: Damit meine ich, dass man auch das meint, was man singt.

CHARLY: Ach so, du meinst, wenn ich „Vielen Dank für deine Hilfe" singe, dann muss ich das auch so meinen?

SPRECHER: Genau das meine ich, Charly. Und viele Lieder, in denen wir Gott um etwas bitten oder ihm für etwas danken, sind in gewisser Weise ja auch Gebete.

CHARLY: Und mit Musik und Gesang macht das Beten ja noch viel mehr Freude!

SPRECHER: Das stimmt, Charly.

CHARLY: Weißt du was? Mein nächstes Gebet singe ich, und ein Instrument werde ich auch dazu spielen. Da wird sich Gott bestimmt besonders freuen! Macht ihr mit, Kinder?

Lieder

Nun nehmt eure Trommeln (Melodie: Zeigt her eure Füße)

Nun nehmt eure Trommeln, die Rasseln dazu,
wir hören euch gerne beim Musizieren zu.
Die Trommel, die Trommel, sie trommelt den ganzen Tag.
Die Rassel, die Rassel, sie rasselt den ganzen Tag.

Nun nehmt eure Flöten, die Orgeln dazu,
wir hören euch gerne beim Musizieren zu.
Die Flöte, die Flöte, sie flötet den ganzen Tag.
Die Orgel, die Orgel, sie orgelt den ganzen Tag.

Nun nehmt die Gitarren, Klaviere dazu,
wir hören euch gerne beim Musizieren zu.
Gitarren, Gitarren, sie klingen den ganzen Tag.
Klaviere, Klaviere, das spielen den ganzen Tag.

Nun nehmt eure Trommeln, die Rasseln dazu,
nehmt nun eure Flöten, die Orgeln dazu,
Gitarren, Gitarren, Klaviere den ganzen Tag,
wir hören, wir hören den Tönen sehr gerne zu.

weitere Lieder

Alles jubelt, alles singt
Kommt her und singt
Halleluja mit Händen und Füßen
Mit der Hand, mit der Zither
Heut ist ein Tag, an dem ich singen kann

Reigen

Kinder kommt, nun tanzen wir (Melodie: Brüderchen, komm tanz mit mir)
Die Kinder nehmen sich an die Hand und tanzen im Kreis. Bei Falleri, Fallera, Falle ralle rallala. klatschen alle im Takt.

Kinder kommt, nun tanzen wir.
Ich tanz fröhlich, du mit mir.
Falleri, Fallera, Falle ralle rallala.

Bastelideen

Trommel
Man braucht eigentlich nur Kochtöpfe und Kochlöffel, fertig sind die Trommeln. Aber auch Blechdosen eignen sich hervorragend als Trommeln. Kleben wir mehrere Blechdosen in unterschiedlicher Größe mit Kreppband nebeneinander, so kann man verschiedene Töne trommeln. Auch eine große Waschpulvertonne kann als große Trommel dienen. Wird sie bemalt oder beklebt, sieht sie außerdem noch sehr schön aus.

Gitarre
Auf einem Eierschneider kann man hervorragend Gitarre spielen. Man nimmt eine flache Pappschachtel, klebt sie zusammen, schneidet in den Deckel ein Loch und bespannt die Schachtel mit Gummibändern, so entsteht eine Gitarre.

Kronkorkenrassel
Mit Hilfe eines Milchdosenöffners versehen wir die Kronkorken mit einem Loch. Dann werden die Korken auf einen festen Draht gefädelt. Aus dem Draht formen wir einen Kreis, der so groß ist, dass die Kinder gut mit der Hand reinfassen können. Die Korken müssen aber noch genug Spielraum haben. Die Drahtenden sollten wir mit Kreppband umwickeln.

Kronkorkentamburin
Dazu benötigen wir einen großen, stabilen Deckel. Am besten eig-

net sich der Deckel einer Waschmitteltonne. Die Kronkorken werden mit Hilfe eines Milchdosenöffners mit einem Loch versehen. Dann knoten wir die Korken an kurze Nylonfäden und befestigen sie mit einem Knoten am Rand des Deckels. Den Deckel können die Kinder bemalen oder bunt bekleben.

Glöckchenhandschuh
Auf Handschuhe werden mehrere Glöckchen genäht. Besonders ganz kleine Kinder haben großen Spaß daran.

Glöckchenband
Näht man auf ein Satinband mehrere Glöckchen, so kann man sich dieses um die Hand- oder Fußgelenke binden und bei jeder Bewegung mitklingen lassen.

Glöckchen im Schneebesen
In einen Schneebesen werden mehrere Glöckchen gehängt.

Becken
Nimmt man zwei Topfdeckel, so hat man schon ein Becken, mit dem man hervorragend Musik machen kann.

Flöte
Um eine Flöte zu basteln benötigt man eine schmale Papprolle. An einem Ende wird die Rolle mit Pergamentpapier verschlossen, um das wir einen Gummiring wickeln. Mit Hilfe eines Milchdosenöffners werden vier Löcher in die Rolle gebohrt. Je nachdem, welches Loch man zuhält, werden die Töne verschieden sein, wenn man in die Röhre bläst.

Rasselsäcke
Einen kleinen Stoffsack oder einen Waschhandschuh füllt man mit Muscheln, Knöpfen, Kronkorken o.ä. und bindet ihn zu.

Rasseln
Behälter aller Art, wie z.B. Blechdosen, Plastikdosen, Joghurtbecher, Marmeladengläser o.ä. füllen wir mit den unterschiedlichsten Materialien. Zum Füllen eignen sich z.B. Erbsen, Reis, Sand, kleine Steine,

Murmeln, Knöpfe. Haben die Behälter keinen Deckel, so verschließen wir sie mit Pappe und Klebeband. Zusätzlich können wir ein Stück Stoff, das mit einem Gummiband festgehalten wird, über die Pappe legen.

Glasklavier
Flaschen oder Gläser werden unterschiedlich hoch mit Wasser gefüllt. Mit einem Teelöffel können wir dann an die Flaschen schlagen und sie zum Klingen bringen.

Wasserorgel
Ein großes Gurkenglas wird zur Hälfte mit Wasser gefüllt. Nun können die Kinder durch einen breiten Strohhalm in das Glas pusten.

Gebet

Guter Gott,
wir danken dir für die Musik in unserm Leben.
Danke, denn du hast sie uns gegeben.
Du gabst uns einen Mund zum Singen
und Instrumente, die fröhlich klingen.
Für dich wollen wir singen,
für dich sollen unsere Instrumente klingen.

Segen

Es segne dich Gott, der Herr,
er liebt dich so sehr.
Er segne dein Musizieren und dein Singen,
ihm zur Ehre soll es klingen.
Gott, der Herr, segne dein ganzes Leben,
er selbst hat es dir gegeben.

8. Gottes Liebe ist wie die Sonne

Bibeltext

Psalm 84,12. Gott ist Sonne und Schild

Rollenspiel „Ohne Sonne?"

Personen: Sprecher, Klappmaulpuppe Charly

Im Raum steht ein Topf mit gelber Farbe.

CHARLY: Was steht denn hier für ein gelber Topf rum?
SPRECHER: Das ist Farbe, Charly!
CHARLY: Farbe?
SPRECHER: Richtig, Charly. Gelbe Farbe.
CHARLY: Und weshalb steht die gelbe Farbe hier?
SPRECHER: Na, weil die Kinder mit der Farbe gleich was malen wollen.
Charly: Was denn? Was kann man mit gelber Farbe denn schon malen?
SPRECHER: Eine Sonne zum Beispiel.
CHARLY: Eine Sonne? Wieso denn eine Sonne?
SPRECHER: Weil die Sonne etwas mit Gott zu tun hat, Charly.
CHARLY: Versteh ich nicht. Wieso hat die Sonne denn was mit Gott zu tun?
SPRECHER: Na, weil Gottes Liebe so warm ist wie die Sonne, Charly.
CHARLY: Gottes Liebe?
SPRECHER: Ja, Gott liebt uns Menschen, Charly.
CHARLY: Auch mich?
SPRECHER: Auch dich, Charly. Gott liebt jeden von uns. Und er ist überall, so wie die Sonne überall ist.
CHARLY: Wo? Ich kann hier keinen Gott sehen.
SPRECHER: Die Sonne kannst du auch nicht immer sehen, Charly, aber du kannst sie spüren.
CHARLY: Stimmt! Die Sonne macht unser Leben hell und schön.
SPRECHER: Richtig, Charly. Ohne Sonne könnten wir gar nicht leben.
CHARLY: Dann können wir ja ohne Gott auch nicht leben.
SPRECHER: Das können wir schon, Charly. Aber ohne Gott ist unser Leben ganz schön dunkel.
CHARLY: Wie ein Leben ohne Sonne?
SPRECHER: Genau, Charly - wie ein Leben ohne Sonne?

Bewegungsspiel „Gottes Liebe ist so wunderbar"

Gottes	*nach oben zeigen*
Liebe	*auf das Herz zeigen*
ist so wunderbar.	*in die Hände klatschen*
Wie die Sonne,	*mit den Händen einen Kreis ziehen*
so ist auch Gottes	*nach oben zeigen*
Liebe	*auf das Herz zeigen*
immer da.	*nach unten zeigen*
Wie die Sonne,	*mit den Händen einen Kreis ziehen*
so ist auch Gottes	*nach oben zeigen*
Liebe	*auf das Herz zeigen*
dir immer nah.	*Arme auf der Brust überkreuzen*
Und nun haltet eure Hände vor die Augen ganz schnell.	*Hände vor die Augen halten*
Nun ist alles dunkel,	
doch mit Sonne ist unser Leben ganz hell.	
Nehmt die Hände nun weg, ganz schnell!	*Hände wegnehmen*
Nun ist alles wieder hell.	
Gott	*nach oben zeigen*
ist mit seiner Liebe	*auf das Herz zeigen*
immer für uns da.	*auf uns zeigen*
Darum klatscht alle mit	*klatschen*
und ruft „Hurra!" Gott ist mit seiner Liebe immer für uns da!"	*alle rufen „Hurra! Gott ist mit seiner Liebe für uns da!"*

Lieder

Gottes Sonnenstrahl (Melodie: Es tanzt ein Bi-Ba-Butzemann)

Gott strahlt als heller Sonnenstrahl
in unser Herz hinein.
Gott strahlt als heller Sonnenstrahl
in unser Herz hinein.
Er liebt dich so, er liebt mich so.
Ich freue mich und du freust dich.
Gott strahlt als heller Sonnenstrahl
in unser Herz hinein.

Wie die Sonne (Melodie: Bruder Jakob)

1. Wie die Sonne, wie die Sonne,
so ist Gott, so ist Gott,
seine große Liebe, seine große Liebe
ist für dich, ist für dich.

2. Wie die Sonne, wie die Sonne
hell und warm, hell und warm,
so ist Gottes Liebe, so ist Gottes Liebe,
ihm sei Dank, ihm sei Dank.

weitere Lieder

Wie die Sonne so hell
Gottes Liebe ist so wunderbar
Gottes Liebe ist wie die Sonne
Feuerwerk

Reigen

Zu den Reigen nehmen sich die Kinder an der Hand und tanzen im Kreis. Sämtliche Reigen können auch mit schwingenden Sonnenbändern in der Hand getanzt werden. Die Sonnenbänder sind dann die tanzenden Sonnenstrahlen.

Sonne, Sonne du bist hier (Melodie: Brüderchen, komm tanz mit mir)

Sonne, Sonne, du bist hier.
Alle, alle tanzen wir.
Du bist hell,
du bist warm,
trallalala lalala.

Gottes Liebe macht mich froh (Melodie: Die Tiroler sind lustig)

Gottes Liebe ist sonnig
und sie macht mich so froh,
sie erwärmt mir mein Leben,
denn Gott liebt mich so.

Aktionen

Gruppenfoto
An diesem Tag kann ein Gruppenfoto gemacht werden, das nachträglich auf das Sonnenbild geklebt wird.

Sonne aus Tonkarton
Aus Tonkarton wird für jeden eine Sonne ausgeschnitten. Diese Sonne wird mit einem Foto des Kindes beklebt. Neben das Foto schreiben wir „Gott liebt (Name des Kindes)". Auf die Rückseite der Sonne schreiben wir „Gottes Liebe ist wie die Sonne".

Sonnenbänder
Aus gelbem Krepppapier schneiden wir 2 cm breite und 50 cm lange Bänder. Nun legen wir 6 Bänder übereinander und verknoten sie an einem Ende mit einer Paketschnur. Dann lassen die Kinder ihre Sonnenbänder in der Luft tanzen. Und wenn die Kinder die Sonnenreigen tanzen, können sie dazu die Sonnenbänder durch die Luft schwingen lassen.

Bastelideen

Sonne auf Tapetenrolle
Auf Tapetenrolle wird mit gelber Fingerfarbe eine große Sonne gemalt. Selbst sehr kleine Kinder helfen gerne mit. Unter die Sonne geben die Kinder ihre Handabdrücke, unter die wir dann ein Foto des jeweiligen Kindes kleben. Nun werden Name und Geburtsdatum des Kindes unter dem Foto vermerkt.
Die Sonne sollte nun auf jeden Fall unseren Gruppenraum schmücken. Auf diese Weise haben wir nicht nur einen hübschen Raumschmuck, der uns an die Gruppenstunde erinnert, sondern gleichzeitig einen Geburtstagskalender. Außerdem wird das Bild mit dem Thema der Gruppenstunde beschriftet: „Gottes Liebe ist wie die Sonne". Fehlen an diesem Tag Kinder, kann der Handabdruck nachgeholt werden.

Spiele

Sonnenspiel
Aus Tonkarton wird für jedes Kind eine Sonne ausgeschnitten. Nun wird die Sonne mit einem Band versehen, so dass sie von den Kindern umgehängt werden kann. Einem Kind binden wir nun ein Tuch um die Augen. Ein weiteres Kind bekommt die Sonne umgehängt. Dieses Kind ist die Sonne, alle anderen Kinder sind die Sonnenstrahlen und können, falls die Sonnenbänder bereits gebastelt sind, diese in der Hand halten. Nun hat das Kind mit den verbundenen Augen die Aufgabe, die Sonne zu suchen. Die Sonnenstrahlen dürfen Tipps geben. Hat es die Sonne gefunden, bekommt es diese zur Belohnung umgehängt und ist nun selbst die Sonne, die von einem weiteren Kind gesucht werden muss.

Gebet

Guter Gott,
wie die Sonne, so erleuchtet deine Liebe unser Leben
und will uns Wärme und Geborgenheit geben.
Wie die Sonne, so ist auch deine Liebe immer da
und uns ganz nah.
Ohne deine Liebe könnten wir nicht leben,
deine Liebe begleitet uns auf allen Wegen.
Auch wir wollen für andere eine Sonne sein.
Hilf uns bitte, denn wir schaffen es nicht allein!

Segen

Gott, der Herr, sei über dir mit seinem Segen.
Wie die Sonne, strecke er sich dir entgegen,
um dich zu behüten und zu bewahren, um dich festzuhalten
und dein ganzes Leben zu gestalten.
Es umgebe dich mit seiner Wärme Gott, der Herr,
die Wärme dringe in dein Herz hinein.
Gib diese Wärme weiter,
denn auch du sollst eine Sonne sein!

9. Geborgen wie in einer Kuschelhöhle

Bibeltext

Jesaja 66,13. Trösten, wie einen seine Mutter tröstet

Rollenspiel „Geborgen wie in einer Kuschelhöhle"

Jedes Kind bringt ein Schmusetier / eine Schmusedecke und ein Kissen mit. Vorher den Text „Geborgen wie in einer Kuschelhöhle" vorlesen. *(siehe Seite 87)*

Personen: Sprecher, Klappmaulpuppe Charly

CHARLY: Das war aber toll heute im Mini-Club, so richtig schön kuschelig. Ich kuschle gerne! Du auch?

SPRECHER: Klar kuschle ich auch gerne, Charly.

CHARLY: Am liebsten kuschle ich mit meinem Paulinchen.

SPRECHER: Wer ist denn Paulinchen?

CHARLY: Na mein Kuscheltier natürlich. Willst du mal sehn? Schau her, das ist Paulinchen. Niedlich, was?

SPRECHER: Ja, Charly. Niedlich, dein Paulinchen.

CHARLY: Da, guck mal, die Kinder haben ja auch alle ihr Kuscheltier dabei. Ach wie niedlich, so viele putzige Kuscheltiere! Guck mal da: ein Teddy und ein Hase und ein ... Sollen alle mal ihr Kuscheltier ganz fest drücken? *(Alle Kinder drücken ihr Kuscheltier ganz fest an sich.)* Ich wüsste gar nicht, was ich ohne mein Kuscheltier machen sollte!

SPRECHER: Wieso?

CHARLY: Naja, ohne Paulinchen hätte ich doch abends niemanden zum Kuscheln und zum Knuddeln im Bett. Mama und Papa passen doch nicht in mein Bett. Aber mein Paulinchen ist immer bei mir. Ich wüsste gar nicht, was ich ohne mein Paulinchen machen sollte.

SPRECHER: Dann hättest du bestimmt ein anderes Kuscheltier, Charly.

CHARLY: Ich will aber kein anderes Kuscheltier!

SPRECHER: Das versteh ich ja auch, Charly. Aber mal angenommen, es gäbe gar keine Kuscheltiere.

CHARLY: Furchtbar! Wieso sagst du so etwas? Ohne mein Kuscheltier wäre ich einsam, allein und sehr, sehr traurig.

SPRECHER: Wieso?

CHARLY: Niemand wäre dann bei mir. Niemand würde mich trösten, wenn ich traurig bin.

SPRECHER: Kuscheltiere können manchmal ein großer Trost sein.

CHARLY: Genau!

SPRECHER: Aber weißt du was, auch wenn du mal kein Kuscheltier bei dir hast, kannst du sicher sein, dass Gott immer bei dir ist.

CHARLY: Wo? Also ich sehe hier keinen Gott.

SPRECHER: Du kannst Gott auch nicht sehen, Charly.

CHARLY: Quatsch mit Soße! Ich kann Gott nicht sehen, aber er soll trotzdem da sein? Wohl blöd, was? Was ich nicht sehe, das glaub ich auch nicht.

SPRECHER: Du kannst Gott zwar nicht sehen, aber du kannst ihn spüren.

CHARLY: Wie kann ich Gott denn spüren?

SPRECHER: Du kannst z.B. spüren, dass Gott dir hilft, wenn du ihn darum bittest. Er liebt dich, behütet dich und ist immer da.

CHARLY: Und das ist wirklich so?

SPRECHER: Das ist wirklich so, Charly. Gott ist immer für uns da. Hast wohl gerade wieder nicht zugehört, was?

CHARLY: Stimmt nicht, ich hör immer zu. Fast immer, zumindest. *(kurze Pause)* Was soll ich denn nicht gehört haben?

SPRECHER: Na, das mit der Kuschelhöhle zum Beispiel.

CHARLY: Was denn für eine Kuschelhöhle?

SPRECHER: Ach, Charly! Wenn du nur einmal zuhören könntest! Jetzt hör aber zu: Wie in einer Kuschelhöhle mit ganz vielen Kuschelkissen, so wirst du auch bei Gott gar nichts vermissen.

CHARLY: Schööön! Das hast du aber richtig schön gesagt. Ich hab sogar verstanden, was du damit sagen willst. Und wenn mein Paulinchen mal nicht da ist, dann muss ich gar nicht traurig sein, denn Gott ist ja bei mir.

SPRECHER: Genau, Charly. Gott ist immer bei dir, du kannst dich immer geborgen fühlen.

CHARLY: Geborgen wie in einer Kuschelhöhle, stimmt's?

Bewegungsspiel

Bei beiden Bewegungsspielen kann das Kind auf dem Schoß der Mutter sitzen und diese dabei anschauen.

Bei Gott geborgen

Bei Gott	*nach oben zeigen*
bist du	*auf das Kind zeigen*
geborgen	*beide Arme um das Kind legen*
und niemals allein,	*Kopf schütteln,*
	Arme vom Kind nehmen
immer wird Gott	*nach oben zeigen*
bei dir sein.	*auf das Kind zeigen*
In Gottes	*nach oben zeigen*
liebendem Arm	*beide Arme ausstrecken*
bist du geborgen -	*die Arme um das Kind legen*
heute und morgen.	*nun wird das Kind geschaukelt*

Bei Gott in einer Kuschelhöhle

Bei Gott	*nach oben zeigen*
ist es wie in einer riesigen Kuschelhöhle	
	mit beiden Armen zeigen, wie groß die Kuschelhöhle ist
mit ganz vielen	*einen Halbkreis ziehen*
Kuschelkissen.	*Kopf zur Seite auf die Hände legen*
Gott	*nach oben zeigen*
sorgt für dich,	*auf das Kind zeigen*
das musst du wissen -	
beruhigt kannst du schlafen auf deinem Kissen.	
	Kopf zur Seite auf die Hände legen
In Gottes	*nach oben zeigen*
liebendem Arm	*beide Arme ausstrecken*
bist du geborgen -	*die Arme um das Kind legen*
heute und morgen.	*nun wird das Kind geschaukelt*

Schmusespiel

Komm zu mir, jetzt schmusen wir! *Mütter winken Kinder herbei*
Ich schmus' mit dir, du schmust mit mir.

Setz dich nun auf meinen Schoß *Kinder setzen sich auf den Schoß der Mütter*
und dann geht das Schmusen los.
Muckel dich nun fest an mich und hör mir zu: „Ich liebe dich."
Mütter drücken die Kinder fest an sich und flüstern den Kindern „Ich liebe dich" ins Ohr
Schmusen wollen wir nun zu zweit -
ich freu mich auf die Schmusezeit!
Schau her, die Hände brauchen wir dazu,
Mütter berühren die Hände der Kinder
weil ich dir damit Gutes tu.
Ich streichle dein Gesicht *Gesicht der Kinder streicheln*
und kitzle dein Kinn - *Kinn kitzeln*
ding, ding, ding, ding, ding, ding, ding!
Wie Eskimos reiben wir unsre Nasen
Nasen aneinanderreiben
nun hin und her – hui, hui, hui, das kitzelt aber sehr!
Und wir kitzeln die Hände *Hände kitzeln*
und den schnuckeligen Bauch, *Bauch kitzeln*
den kitzeln wir auch Charly:
Hi, hi, hi, hi, hi, das kitzelt wie noch nie!
Und nun sind die Käsefüße an der Reihe.
Füße berühren
Jetzt kitzle ich Fuß Nummer eins *erst einen Fuß kitzeln*
und jetzt Fuß Nummer zwei: *dann den anderen*
Hi, hi, hi, hi, hi, das kitzelt wie noch nie!
Und nun nehmen wir uns in den Arm, ganz fest,
Mütter und Kinder nehmen sich in den Arm
und sind geborgen wie in einem großen Nest.
Geborgen und ganz muckelig warm,
so ist es auch in Gottes großem Arm.
nach oben zeigen
Heute und immer, Tag für Tag, ist Gott die beste Höhle,
nach oben zeigen
die es geben mag.

Lieder und Gedichte

Gut beschirmt
Immer und überall
Gott mag Kinder
Komm, du kleiner Racker
Das Kille-Kitzel-Monster

<u>Geborgen wie in einer Kuschelhöhle</u>

Wie in einer Kuschelhöhle mit ganz vielen Kuschelkissen,
so wirst du auch bei Gott gar nichts vermissen.
Bei Gott ist es muckelig warm,
denn liebend schließt er dich in seinen Arm.
Er sorgt für dich, das musst du wissen,
beruhigt kannst du schlafen auf deinem Kissen.
Er behütet und beschützt dich Tag für Tag
und ist die beste Höhle, die es geben mag.
In seinem liebenden Arm bist du geborgen -
heute und morgen.
Kriech aus dieser Höhle niemals heraus,
denn du findest kein besseres Zuhaus.
Niemals lässt er dich allein,
immer wird Gott bei dir sein.
Schutz und Geborgenheit
schenkt er dir jederzeit.
Wie in einer Kuschelhöhle mit ganz, ganz vielen Kuschelkissen,
so wirst du auch bei Gott gar nichts vermissen.
Bei ihm findest du Geborgenheit und Ruh,
denn er deckt dich mit dem Mantel seiner Liebe zu.
Gott will deine Höhle sein,
Gott ist dir immer nah,
Gott ist immer da.
Er will deine Höhle sein,
komm her und kriech einfach hinein,
dann bist du niemals mehr allein.

Aktionen

Das Kille-Kitzel-Monster

Wir singen das Lied „Das Kille-Kitzel-Monster" und kitzeln das Kind an den jeweils im Text genannten Körperteilen. Am Ende des Liedes werden kleine Wattebälle verteilt, mit denen das Kind an den Händen und Füßen (falls die Kinder barfuß sind), im Gesicht usw. gekitzelt werden. Anschließend wird die Watte auf ein Tuch oder eine Tischdecke gelegt und hochgeworfen. Die Watte fällt dann wie Schnee zu Boden. Die Kinder dürfen die Watte aufsammeln und wieder auf das Tuch legen. Dann beginnt das Spiel von Neuem.

Kuscheltiere

Alle singen das Lied „Kuscheltierchen". Dabei halten die Kinder ihre Kuscheltiere im Arm. Am Ende des Liedes werden die mitgebrachten Kuscheltiere von den Kindern bzw. von den Eltern vorgestellt. Es wird der Name genannt und eventuell wird auch verraten, wohin die Kinder ihr Kuscheltier überall mitnehmen. Vielleicht gibt es ja auch die eine oder andere kleine Begebenheit mit dem Kuscheltier zu erzählen. Dann werden die Kinder gebeten, ihr Kuscheltier in die Mitte des Spielkreises zu legen. Eine oder mehrere Decken werden über die Tiere gelegt. Nun wird der Platz der Tiere vertauscht. Dann wird die Decke hochgehoben und jedes Kind darf sein Kuscheltier suchen und es vor lauter Freude fest in den Arm schließen.

Bastelideen

Filzkissen mit Feder

Aus Filz schneiden wir zwei 10x10 cm große Quadrate zu. Nun legen wir diese aufeinander und kleben sie, bis auf eine kleine Öffnung, mit Hilfe einer Heißklebepistole zu und füllen das so entstandene Kissen mit Füllwatte. Jetzt kleben wir die Öffnung zu und verzieren das Kissen mit einer Bastelfeder, die wir aufkleben.

Spiele

Wer kommt in meine Arme?

Falls vorhanden, wird eine kleine Rutsche aufgestellt, und die Kinder dürfen in die Arme der Eltern rutschen. Die Kinder können ebenso in die ausgestreckten Arme der Eltern laufen.

Schaukeldecke

Die Kinder werden zusammen mit ihrem Kuscheltier in Decken geschaukelt.

Wen streichle ich denn da?

Einem Kind werden die Augen verbunden. Alle anderen Kinder sitzen im Kreis. Das Kind mit den verbundenen Augen wird nun mehrmals gedreht und geht dann auf ein Kind zu und streichelt es so lange, bis es erraten hat, um welches Kind es sich handelt. Dann wird das Spiel mit anderen Personen fortgesetzt.

Kissenschlacht

Mit den mitgebrachten Kissen lässt sich eine tolle Kissenschlacht veranstalten. Vorsicht bei Reißverschlüssen!

Wir bauen Kuschelhöhlen

Sehr großen Spaß bereiten den Kindern Kuschelhöhlen. Über die Tische werden Decken gelegt und so befestigt, dass eine große abgedeckte Fläche entsteht. Die Kinder können sich in ihrer Kuschelhöhle verkriechen und von den Spielen ausruhen. Schmusetier, Schmusedecke und Kissen dürfen auf keinen Fall fehlen!

Große Tücherdecke

Ganz viele Tücher werden an allen vier Ecken zusammengebunden. So entsteht eine große Tücherdecke. Nun stellen sich die Kinder unter diese Decke, die dann von den Erwachsenen langsam auf die Köpfe der Kinder herabgelassen wird. Das Spiel mit der Tücherdecke kann erweitert werden, indem die Kinder durch die Lücken der Tücherdecke hindurchgucken dürfen. Das ist für die Kinder ein toller Spaß: Kuckuck!

Gebet

Guter Gott,
hab Dank, dass du uns behütest und beschützt den ganzen Tag,
was auch kommen mag.
In deinem liebenden Arm sind wir geborgen,
heute und morgen.
Du schenkst uns deinen Schutz und dein Geleit, jederzeit.
Du lässt uns niemals allein, immer willst du bei uns sein.
Dafür danken wir dir sehr, guter Gott und treuer Herr.

Segen

Gottes Segen lege sich um dich
und hülle dich ein,
niemals sollst du alleine sein.
Denn mit seinem Segen ist er dir immer nah,
er ist immer für dich da.

10. Da fehlt doch was

Bibeltext

Johannes 6,35. Jesus das Brot, das Leben schenkt

Rollenspiel „Essen mit Hindernissen"

Personen: Sprecher, Klappmaulpuppe Charly

CHARLY: Das war ja was heute mit dem fehlenden Brot! Gut, dass du es noch im Auto hattest.

CHARLY: Und ich dachte schon, das Frühstück müsste ausfallen.

SPRECHER: Wieso?

CHARLY: Na, ein Frühstück ohne Brot, das geht ja nicht!

SPRECHER: Da siehst du mal, wie wichtig Brot ist, Charly!

CHARLY: Ziemlich wichtig! Das hab ich heute Morgen richtig gemerkt.

SPRECHER: Das stimmt, Charly. Aber eigentlich bin ich froh, dass ich das Brot heute Morgen im Auto vergessen habe.

CHARLY: Wieso das denn? Wie kann man sich da nur darüber freuen? Also mir wäre das ganz schön peinlich.

SPRECHER: Mir nicht. Vielleicht hab ich das Brot ja sogar absichtlich im Auto vergessen.

CHARLY: Absichtlich? Das hätte ich dir ja wirklich nicht zugetraut! Ganz schön gemein von dir, uns so zu ärgern!

SPRECHER: Ich wollte euch doch gar nicht ärgern, Charly.

CHARLY: Sondern? Was sollte das dann?

SPRECHER: Ich wollte euch allen klarmachen, wie wichtig Brot für uns ist.

CHARLY: Wozu das denn schon wieder?

SPRECHER: Damit ihr den Bibelvers besser versteht, Charly.

CHARLY: Welchen Bibelvers denn?

SPRECHER: Jesus Christus spricht: Ich bin das Brot des Lebens.

CHARLY: Also ich versteh jetzt gar nichts mehr! Jesus ist das Brot des Lebens? Ich dachte, Jesus ist Gottes Sohn.

SPRECHER: Das ist er ja auch, Charly. Jesus spricht in der Bibel oft in Bildern, damit die Menschen besser verstehen, was er uns sagen will. Und das mit dem Brot ist auch so ein Bild. Du hast eben selbst gesagt, ohne Brot hätte unser Frühstück wohl ausfallen müssen.

CHARLY: Stimmt! Brot ist ganz schön wichtig!

SPRECHER: Und genau das will uns Jesus damit sagen. Ohne Brot könnten wir zwar irgendwie leben, aber mit Brot lebt es sich viel, viel besser.

CHARLY: Hm. Das stimmt!

SPRECHER: Und genau so ist das mit Jesus auch. Wir können ohne ihn zwar irgendwie leben. Aber wenn wir im Leben so richtig froh sein wollen, brauchen wir Jesus.

CHARLY: Und wenn Jesus so wichtig wie Brot ist, dann ist Jesus ziemlich wichtig.

SPRECHER: Stimmt genau, Charly. Sag mal, Charly, wieso isst du eigentlich Brot?

CHARLY: Weil es schmeckt und weil ich groß und stark werden will.

SPRECHER: Richtig, Brot macht uns stark und gibt uns Kraft. Jesus will uns auch Kraft geben.

CHARLY: Wie will er das denn machen?

SPRECHER: Wir können ihn zum Beispiel im Gebet um Kraft bitten.

CHARLY: Und dann?

SPRECHER: Dann schenkt er uns diese Kraft. Wir müssen nur daran glauben.

CHARLY: Wenn Jesus das Brot ist, dann kann er uns auch Kraft schenken. Doch gut, dass du das Brot absichtlich vergessen hast, sonst hätte ich das jetzt nicht so gut verstanden. Jesus ist das Brot meines Lebens. Wenn ich im Leben so richtig froh sein will, brauche ich Jesus. Er gehört zum Leben dazu, wie das Brot. Und er will mich stark machen und mir Kraft geben, stimmts?

SPRECHER: Stimmt genau! Du hast heute ja mal richtig gut zugehört.

Bewegungsspiel „Jesus ist das Brot des Lebens"

Brot	*mit den Händen ein Brot darstellen*
gibt uns	*auf uns zeigen*
Kraft.	*Faust nach oben strecken*
Brot	*mit den Händen ein Brot darstellen*
macht uns	*auf uns zeigen*

stark.	*Faust nach oben strecken*
Jesus	*nach oben zeigen*
ist das Brot	*mit den Händen ein Brot darstellen*
unseres Lebens.	*auf uns zeigen*
Jesus	*nach oben zeigen*
gibt uns	*auf uns zeigen*
Kraft.	*Faust nach oben strecken*
Jesus	*nach oben zeigen*
macht uns	*auf uns zeigen*
stark.	*Faus nach oben strecken*
Jesus	*nach oben zeigen*
sei Dank!	*Hände falten*

Lied
Jesus pur

Aktionen

Gemeinsames Essen mit Hindernissen
Wir planen ein gemeinsames Essen. Alles ist vorbereitet, der Tisch gedeckt und nichts fehlt - bis auf das Wichtigste: das Brot (bzw. die Brötchen)! Wir lassen uns aber nichts anmerken, sondern beginnen mit einem Tischgebet. Unser Plan geht auf, denn niemand kann ohne Brot oder Brötchen frühstücken. Jedem wird so richtig bewusst, wie wichtig das Brot ist, denn ohne Brot können wir mit Marmelade, Wurst und Käse nicht viel anfangen. Wir entschuldigen uns und holen das Brot schnell aus dem Auto, wo wir es vergessen haben. Das Bibelwort „Jesus ist das Brot des Lebens" wird nun viel besser verstanden.

Tischkarten
Aus Tonkarton werden Tischkarten ausgeschnitten, auf die ein Brotlaib gemalt ist. Unter den Brotlaib schreiben wir den Bibelvers „Jesus ist das Brot des Lebens".

Brötchenbacken mit den Kindern
Vielleicht haben die Kinder große Lust, die Brötchen für das gemein-

same Essen selbst zu backen. Für die Kinder ist das ein großes Ereignis! Dabei sollten so viele Kinder wie möglich in das Geschehen einbezogen sein. So können die Kinder die Brötchen mit Rosinen, Nüssen und Mandeln verzieren. Hier ein Rezept für ca. 40 Brötchen. *Zutaten:* 500 g Magerquark, 16 Esslöffel Milch, 18 Esslöffel Öl, 4 Eier, 200 g Zucker, 4 Päckchen Vanillezucker, 1 kg Mehl, 4 Päckchen Backpulver, 2 Beutel Rosinen (500g). Tipp: Da nicht alle Kinder Rosinen mögen, sollte ein Teil des Teiges ohne Rosinen gebacken werden. *Zubereitung:* Quark, Milch, Öl, Eier, Zucker und Vanillezucker werden miteinander verrührt. Danach werden das mit Backpulver vermischte Mehl sowie die Rosinen (zuvor mit heißem Wasser überbrühen) dazu gegeben. Alle Zutaten werden zu einem glatten Teig verknetet. Aus dem Teig werden 40 Kugeln geformt, die auf ein mit Backpapier ausgelegtes Backblech gelegt werden. Jedes Brötchen wird mit Wasser bestrichen. Danach werden die Brötchen mit gehobelten Nüssen, Mandeln und Rosinen verziert. Anschließend kommen die Brötchen in den vorgeheizten Backofen und werden bei 200 Grad ca.15 - 20 Minuten gebacken. Guten Appetit!

Gebet

Guter Gott,
du hast uns Jesus auf die Welt gegeben,
er ist das Brot für unser Leben.
Er will uns Kraft und Stärke geben,
wir brauchen ihn so sehr für unser Leben.
Ohne ihn wäre unser Leben leer,
guter Gott, wir danken dir wirklich sehr,
denn du hast uns Jesus auf diese Welt gegeben,
ohne ihn könnten wir nicht leben.

Segen

Es segne dich Gott,
der Vater unseres Herrn Jesus Christ,
der unser Brot des Lebens ist.
Gott segne dein Vertrauen,
auf Jesu Kraft zu schauen!

11. Jesus und der Sturm

Bibeltext

Markus 4,35-41. Jesus beherrscht Wind und Wellen

Rollenspiel

Personen: Klappmaulpuppe Charly, Sprecher

CHARLY: Erzählst du uns heute wieder eine tolle Geschichte?

Sprecher: Wieso?

CHARLY: Na, weil die letzten Geschichten ziemlich spannend waren.

SPRECHER: Die Geschichte heute ist auch ziemlich spannend, Charly.

CHARLY: Na, dann fang doch schon endlich an!

SPRECHER: Also: Die Geschichte, die ich euch heute erzählen will, handelt von Jesus und seinen Jüngern.

CHARLY: Jünger? Kenn ich nicht.

SPRECHER: Das waren die Freunde von Jesus, Charly. Sie waren immer bei ihm - alles machten sie zusammen.

CHARLY: Ich verstehe. Aber jetzt erzähl schon endlich die Geschichte!

SPRECHER: Also: Es war schon Abend, und Jesus und seine Jünger stiegen in ein Boot um über den See zu fahren.

CHARLY: Toll! Abends auf dem See in einem Boot, schöön!

SPRECHER: So schön war das gar nicht, Charly.

CHARLY: Wieso nicht?

SPRECHER: Plötzlich wurde es ziemlich stürmisch, Charly.

CHARLY: Und dann?

SPRECHER: Das Boot begann zu schaukeln. Zuerst nur ein wenig, dann immer mehr.

CHARLY: Oh, da war den Jüngern und Jesus bestimmt ganz übel.

SPRECHER: Ob ihnen übel war, das weiß ich nicht, Charly. Aber ich weiß, dass die Jünger sehr große Angst hatten.

CHARLY: Wovor?

SPRECHER: Na, davor, dass das Boot untergeht, natürlich! Du kannst aber auch Fragen stellen, Charly. Der Sturm tobte nämlich gewaltig, und das Boot schaukelte und schaukelte und es war voll Wasser. Jeden Moment würde es umkippen.

CHARLY: Oh! Das ist ja wirklich 'ne spannende Geschichte! Sag mal, wo war Jesus denn eigentlich?

SPRECHER: Jesus schlief hinten im Boot auf einem Kissen.

CHARLY: Was? Jesus schlief?! Ist ja unverschämt! Der kann sich doch nicht einfach schlafen legen und seine Freunde im Stich lassen! Das hätte ich wirklich nicht von Jesus gedacht!

SPRECHER: Nun hör doch erst einmal zu, wie die Geschichte weitergeht, Charly!

CHARLY: Wie soll die Geschichte schon weitergehen? Bestimmt sind alle ertrunken. Und das nur, weil Jesus seine Freunde allein gelassen hat.

SPRECHER: Charly! Jetzt lass mich doch endlich mal weitererzählen! Also: Die Jünger suchten Jesus überall. Sie hatten große Angst. Überall war Wasser. Was sollten sie nur tun? Und das Boot schaukelte und schaukelte. Der Sturm tobte immer gewaltiger. Gleich würde das Boot sinken.

CHARLY: Boh! Ist das spannend!

SPRECHER: Noch immer hatten die Jünger Jesus nicht gefunden. Wo konnte er nur sein? Sie hatten große Angst. Endlich fanden sie ihn und sahen, wie Jesus hinten im Boot auf einem Kissen schlief.

CHARLY: Jetzt war natürlich schon alles zu spät. Das Boot ging unter und alle ertranken und aus ist die Geschichte.

SPRECHER: Aber Charly! Du bist genau wie die Jünger.

CHARLY: Wieso?

SPRECHER: Na, die hatten auch kein Vertrauen zu Jesus. Niemals hätten die Jünger es für möglich gehalten, dass Jesus ihnen helfen kann.

CHARLY: Helfen? Wo sollte Jesus denn da noch helfen, jetzt, wo das Boot fast sinkt?!

SPRECHER: Charly! Darf ich jetzt vielleicht mal weitererzählen? Also: Jesus stand auf, bedrohte den Wind und sah zum Meer und sprach: „Sei still, schweige!"

CHARLY: Haha! Als ob das was nutzen würde?!

SPRECHER: Du wirst es vielleicht nicht glauben, Charly, aber es nutzte was. Das Meer war ruhig, und der Sturm tobte nicht mehr.

CHARLY: Boh! Das gibt es doch gar nicht. Das glaub ich nicht!

SPRECHER: Doch Charly, du kannst es mir ruhig glauben, bei Jesus ist alles möglich.

CHARLY: Aber was sollte er tun? Das war doch unmöglich!

SPRECHER: Für Jesus ist nichts unmöglich. Er ist Gottes Sohn. Er kann große Wunder tun. Aber ich verstehe deine Frage, Charly. Selbst seine Jünger hatten kein Vertrauen zu ihm. Und die kannten ihn ja schließlich gut und hatten schon viele seiner Wunder gesehen.

CHARLY: Was denn noch für Wunder? Kennst du noch mehr so spannende Geschichten?

SPRECHER: Ich kenne noch viele spannende Geschichten von Jesus.

CHARLY: Oh, bitte, bitte, erzählst du mir noch eine? Ja, bitte?!

SPRECHER: Heute nicht, Charly. Nächste Woche.

CHARLY: Toll, da freu ich mich schon drauf!

Bewegungsspiele

<u>Schiffchen fahren</u>

Einsteigen! — *das Kind setzt sich zwischen die ausgestreckten Beine des Erwachsenen*

Schiffchen fahren — *das Kind wir an den Händen festgehalten und geschaukelt*

auf dem großen See.

Segel setzen, Segel setzen, Arme in die Höh!

wir heben die Arme hoch

Das Schiff, das schaukelt hin und her,

das Kind wird geschaukelt

das Schiff, das schaukelt mehr und mehr -

das Kind wird kräftiger geschaukelt

da kommt ein großer Sturm und bläst das Schiffchen um.

wir pusten kräftig, und das Kind

Bum! — *fällt nach hinten um*

<u>Es schaukelte das Schiff</u>

Es schaukelte das Schiff,	*mit den Händen ein Schiff formen*
es schaukelte das Schiff,	*die Hände hin- und herbewegen*
der Sturm, der pfiff,	*dem Kind kräftig ins Gesicht pusten*
der Sturm, der pfiff.	*dem Kind kräftig ins Gesicht pusten*
Es schaukelte das Schiff,	*mit den Händen ein Schiff formen*
es schaukelte das Schiff,	*die Hände hin- und herbewegen*

Jesus,	*nach oben zeigen*
hilf!	*Hände falten*
Jesus,	*nach oben zeigen*
hilf!	*Hände falten*
Der Sturm ist still	*Finger auf den Mund legen*
und macht, was Jesus will.	*nach oben zeigen*
Jesus	*nach oben zeigen*
ist stark!	*Faust nach oben strecken*
Jesus	*nach oben zeigen*
hat Macht!	*Faust, dann in die Hände klatschen*
Das Meer ist still	*Finger auf den Mund legen*
und macht, was Jesus will.	*nach oben zeigen*
Jesus	*nach oben zeigen*
ist stark!	*Faust nach oben strecken*
Jesus	*nach oben zeigen*
hat Macht!	*Faust, dann in die Hände klatschen*
Jesus	*nach oben zeigen*
sei Dank!	*Hände falten*

<u>Schoßspiel</u>

Ein Schiff	*Arme nach vorn strecken, Handinnenflächen liegen aufeinander*
ist auf dem großen, weiten	*Arm nach vorn strecken*
Meer	*mit einer Hand Wellen formen*
und schaukelt daher	*Kind sitzt auf dem Schoß der Mutter und wird geschaukelt*
und schaukelt daher.	
Angst haben alle Jünger. Jesus, hilf!	
Still ist das Meer,	*Finger auf den Mund legen*
kein Sturm fegt mehr daher,	*Finger erneut auf den Mund legen*
die Jünger freuen sich sehr.	*in die Hände klatschen*
Jesus, wir	*nach oben zeigen*
danken dir!	*Hände falten*
Jesus, du hilfst auch mir.	*auf uns zeigen*
Ich danke dir!	*nach oben zeigen*

Mitmachgeschichte

Eines Abends stieg Jesus mit seinen Jüngern in ein Boot,
die Kinder setzen sich zwischen die Beine der Mütter und schauen sie an
doch bald schon gerieten sie in große Not.
Sie fuhren über den See -
Mütter und Kinder fassen sich an, Mütter schaukeln die Kinder
auch andere Boote waren in der Nähe.
Plötzlich kam ein großer Sturm
kräftig blasen, die Kinder schütteln
und warf das Boot beinahe um.
Die Wellen waren riesengroß -
mit den Armen andeuten, wie hoch die Wellen waren
woher bekommen wir Hilfe bloß?
Das Boot schaukelte hin und her,
die Kinder schaukeln
die Jünger bekamen Angst so sehr.
Hilfe, wir ertrinken nun,
gemeinsam „Hilfe! Hilfe!" rufen
wir bekommen es mit der Angst zu tun!
Wir holen Jesus schnell dazu -
herbeiwinken
doch Jesus schlief auf einem Kissen in aller Ruh.
Kopf zur Seite legen, eine Hand darunter halten
Hilfe, Herr, wir ertrinken nun -
gemeinsam „Hilfe! Hilfe!" rufen
wir haben Angst, was sollen wir bloß tun?
Sofort stand Jesus auf in dieser Nacht
und sprach mit großer Macht:
„Still! Schweige nun!"
Finger vor den Mund legen, gemeinsam „pst!" sprechen
Die Jünger wunderten sich -
wie kann Jesus nur so etwas tun?
Das Wasser war still - sofort -
gemeinsam „oh! oh!" sprechen
und großes Erstaunen erfüllte diesen Ort.
So mächtig ist Jesus, unser Herr -
gemeinsam „So mächtig ist Jesus" sprechen, dabei die Arme heben
keiner tut so große Wunder wie er.
Doch Jesus sah seine Jünger an
und sagte zu ihnen dann:
Wieso nur hattet ihr kein Vertrauen zu mir?
Ich schlief zwar, aber ich war doch hier.

Lieder

Jesus und der Sturm (Melodie: Bruder Jakob)

Alle Jünger, alle Jünger
auf ein Schiff, auf ein Schiff,
plötzlich kam ein Sturm auf, plötzlich kam ein Sturm auf,
große Not, große Not.

Alle Jünger, alle Jünger
haben Angst, haben Angst:
Wir werden ertrinken, wir werden ertrinken,
Jesus, hilf, Jesus, hilf!

Auf dem Kissen, auf dem Kissen
Jesus schlief, Jesus schlief:
Werd' doch endlich munter, werd' doch endlich munter,
wir vergeh'n, wir vergeh'n.

Jesus stand auf, Jesus stand auf,
droht dem Meer, droht dem Meer:
Wasser, sei nun stille, Wasser, sei nun stille!
See war glatt, See war glatt.

Jesus sagte, Jesus sagte:
Ich bin da! Ich bin da!
Warum ist euch bange? Warum ist euch bange?
Glaubt ihr nicht? Glaubt ihr nicht?

Alle Jünger, alle Jünger
ganz erstaunt, ganz erstaunt:
Jesus, der kann alles, Jesus, der kann alles,
ihm sei Dank, ihm sei Dank.

weitere Lieder

Wenn der Sturm tobt
Er hält die ganze Welt
Immer und überall
Gott ist stärker
Die Jünger fuhren auf dem See

Bastelideen

Segelschiff
Zwei Hälften von Holzwäscheklammern werden der Länge nach aneinander geklebt. In die Mitte unseres Segelschiffs stecken wir als Mast einen Schaschlikspieß oder Zahnstocher. Als Segel dient ein rechteckiges Stück Papier.

Walnussschiff
In die Hälfte einer Walnussschale geben wir ein wenig (sehr sparsam) Kerzenwachs. Nun können wir ein Streichholz als Mast hineinstecken. Als Segel dient wieder ein rechteckiges Stück Papier.

Spiele

Sturm
Da diese Schiffchen so klein sind, kann man sie prima in kleinen, mit Wasser gefüllten Schüsseln schwimmen lassen. Wird ordentlich gepustet, gerät das Schiff in Seenot. Mit Hilfe der Schiffe lässt sich die Geschichte sehr gut nachspielen.

Planschbecken
Wenn wir die Möglichkeit haben, unsere Gruppenstunde im Freien abzuhalten, können wir Planschbecken aufstellen und unsere Schiffe bzw. Dampfer schwimmen lassen. Natürlich lässt sich auch hier die Geschichte gut nachspielen.

Schaukeldecke
Wir legen die Kinder einzeln oder zu zweit in eine große Wolldecke oder in ein Bettlaken und schaukeln sie stürmisch.

Schiffchen versenken
Eine große Schüssel wird etwa bis zur Hälfte mit Wasser gefüllt. Nun setzen wir ein Plastikschälchen als Schiff in die Schüssel. Mit einer Gießkanne darf nun ein Kind bzw. je nach Alter der Kinder ein Erwachsener ein wenig Wasser in das Plastikschälchen gießen. Reihum füllt dann jeder ein wenig Wasser nach. Es ist aber darauf zu ach-

ten, dass das Schiff möglichst nicht untergeht. Wie lange lässt sich wohl das Sinken des Schiffes verhindern? Auch mit diesem Spiel lässt sich sehr gut an die Geschichte anknüpfen.

Umfüllen

Eine kleine Wanne wird mit Wasser gefüllt. Daneben steht eine leere Wanne. Nun müssen die Kinder mit Hilfe von verschiedenen Gefäßen (Becher, kleine Schüsseln usw.) versuchen, das Wasser umzufüllen. Wenn wir mehrere Mannschaften bilden, können wir ein Wettspiel veranstalten.
Die Jünger haben versucht, das Wasser mit eigener Kraft und eigenen Mitteln aus dem Schiff zu schöpfen.

Gebet

Guter Gott,
wir danken dir,
denn du schenkst uns Hilfe -
heute und hier.
Bedroht unser Leben ein großer Sturm,
dann bist du da,
dann bist du uns nah
und nichts wirft uns um.

Segen

Gott, der Herr, segne
dein ganzes Leben
und möge es auch Stürme geben,
Gott, der Herr, sei dir immer nah
und mit seiner Hilfe für dich da.

12. Nur eins von Hundert

Bibeltext
Lukas 15,3-7. Das verlorene Schaf

Rollenspiel „Eins fehlt"
Personen: Sprecher, Klappmaulpuppe Charly
Material: Ein Gruppenfoto. Es sollte nicht zu klein sein. Aus Kostengründen können wir das Foto auf A3-Papier kopieren. Die Kopie kleben wir auf stabile Pappe und zerschneiden dann das Bild.

Der Sprecher sitzt auf dem Fußboden und betrachtet ein fast fertiges Puzzle. Bei dem Puzzle handelt es sich um das Gruppenfoto. Das Puzzle ist fast fertig, nur ein Teil fehlt. Auf dem fehlenden Teil ist Charly abgebildet.

SPRECHER: Ist das ärgerlich! Ich weiß wirklich nicht, wo ich jetzt noch suchen soll!

CHARLY: Was suchst du denn?

SPRECHER: Ein Puzzleteil ist weg. Und dabei wollte ich euch doch unbedingt das Puzzle zeigen. Und jetzt fehlt ein Teil! So ein Ärger! Ich weiß wirklich nicht, wo ich jetzt noch suchen soll! Ich hab doch schon alles abgesucht!

CHARLY: Ach, jetzt ärger dich doch nicht. Das Puzzle ist ja fast fertig. Ist doch nicht so schlimm, wenn ein Teil fehlt. Was macht das schon? Ein Teil bei so vielen. Das ist doch nun wirklich fast nichts!

SPRECHER: Ich finde es schon schlimm, Charly, schließlich ist jedes Teil wichtig. Ich hätte gern alle Teile zusammen.

CHARLY: Also auf ein Teil kann man ja nun wirklich verzichten. Was für ein Teil fehlt denn eigentlich?

SPRECHER: Da, guck doch selbst.

CHARLY: Oh, das ist ja ein Gruppenfoto. Toll! Da sind ja alle Kinder drauf. Wo bin ich denn eigentlich? Ich war doch auch dabei, als das Foto gemacht wurde. *(Charly senkt traurig den Kopf und schluchzt.)* Ich fehle einfach! Ich bin nicht weg, einfach verschwunden. Ich gehöre nicht mehr dazu. Charly ist verschwunden! Oh nein! Oh nein!

SPRECHER: Charly, jetzt beruhig dich doch mal! Du bist nicht auf dem Foto, weil du auf dem fehlenden Puzzleteil bist.

CHARLY: Oh nein! Ausgerechnet ich bin auf dem fehlenden Puzzleteil! Wir müssen unbedingt das Puzzleteil finden. Hast du denn wirklich schon überall gesucht? Ich helfe sofort mit beim Suchen.

SPRECHER: Aber ich hab doch schon überall gesucht, Charly. Und gerade hast du noch gesagt, es sei nicht so schlimm, wenn ein Teil fehlt.

CHARLY: Ja, aber da wusste ich doch noch nicht, dass ich auf dem fehlenden Teil bin. Wenn ich fehle, dann ist das natürlich schlimm!

SPRECHER: Wieso?

CHARLY: Na, weil es dann so aussieht, als wäre ich unwichtig.

SPRECHER: Ach, was ist das denn? Guck mal hier, Charly! Da ist ja das fehlende Puzzleteil. Es lag unter diesem Liedheft.

CHARLY: Oh, toll! Ich bin wieder da! Man hat mich wieder gefunden! Ich freue mich ja so, dass ich wieder da bin. Hurra, hurra! Charly ist wieder da! Hurra, hurra!

CHARLY: So eine Aufregung!

SPRECHER: Ich bin aber froh, dass das gerade passiert ist.

CHARLY: Wieso bist du denn darüber froh?

SPRECHER: Es passt gut zu der Geschichte, die ich euch erzählen möchte. In der Geschichte hat auch jemand was verloren.

CHARLY: Etwa auch ein Puzzleteil?

SPRECHER: Nein, Charly, kein Puzzleteil. *(Sprecher holt ein Plüschschaf hervor.)* Die Geschichte handelt von einem Hirten und seinen Schafen. Schaut mal, hier hab ich ein Schaf mitgebracht. Der Hirte, von dem unsere Geschichte erzählt, hatte hundert Schafe.

CHARLY: So viele!

SPRECHER: Ja, so viele. Doch plötzlich ist ein Schaf verschwunden.

CHARLY: Und das hat der Hirte gemerkt? Bei so vielen Schafen fällt ein einziges doch gar nicht so auf!

SPRECHER: Dem Hirten schon, denn er kannte seine Schafe genau. Er kannte jedes einzelne. Er merkte sofort, wenn eins fehlte.

CHARLY: Du meinst, er hat da nicht den Überblick verloren? Er kannte wirklich alle Schafe?

SPRECHER: Jedes einzelne Schaf kannte der Hirte. Und jedes einzelne Schaf liebte er.

CHARLY: Der Hirte liebte alle hundert Schafe?

SPRECHER: Genau, Charly. Und er liebte alle hundert Schafe gleich viel. Jedes einzelne Schaf war ihm wichtig.

CHARLY: Da können sich die Schafe aber freuen, dass sie so einen tollen Hirten haben.

SPRECHER: Das stimmt, Charly. Und weil er die Schafe so sehr liebte, war er jetzt auch ziemlich traurig über das verloren gegangene Schaf.

CHARLY: Das kann ich mir gut vorstellen. Armer Hirte! Hoffentlich findet er sein Schaf noch.

SPRECHER: Er suchte überall. Aber nirgends konnte er es finden. Er ließ sogar die neunundneunzig anderen Schafe allein, um das eine verloren gegangene Schaf zu suchen.

CHARLY: Was? Die anderen neunundneunzig Schafe waren ganz allein? Ohne Hirte? Wie konnte er das tun? Für ein einziges Schaf neunundneunzig andere einfach im Stich lassen?!

SPRECHER: Die neunundneunzig anderen Schafe waren aber doch nicht verloren gegangen. Sie brauchten doch keine Hilfe.

CHARLY: Da hast du Recht. Das eine Schaf brauchte Hilfe, die anderen brauchten keine. Konnte der Hirte dem Schaf helfen?

SPRECHER: Nach langem Suchen fand der Hirte endlich sein Schaf wieder. Er war sehr glücklich darüber. Er nahm es auf seine Schultern und trug es nach Hause. Und er rief allen Freunden und Nachbarn zu: „Kommt alle her und freut euch mit mir, ich habe mein verlorenes Schaf endlich wieder gefunden!"

CHARLY: Das war aber eine tolle Geschichte! Aber du hast heute ja gar nichts von Gott erzählt.

SPRECHER: Doch, Charly. Das war eine Geschichte aus der Bibel. Mit dem guten Hirten ist Jesus gemeint.

CHARLY: Und wer ist mit den Schafen gemeint?

SPRECHER: Mit den Schafen sind wir Menschen gemeint. Jesus kennt uns alle ganz genau. Jeden Einzelnen kennt er. Jeder Einzelne ist ihm wichtig.

CHARLY: Aber es gibt doch so viele Menschen auf der Erde. Wie kann Jesus sie denn alle kennen?

SPRECHER: Jesus ist Gottes Sohn. Er kann das. Und Jesus kennt uns nicht nur alle, er liebt uns auch alle.

CHARLY: Jeden? Liebt Jesus denn wirklich jeden?

SPRECHER: Jesus liebt jeden, Charly. Und er liebt uns alle gleich viel. Deshalb ist Jesus auch sehr traurig darüber, wenn jemand ihm einfach den Rücken zudreht und nichts von ihm wissen will.

CHARLY: Ist Jesus dann so traurig wie der Hirte über das verloren gegangene Schaf?

SPRECHER: Ja, Charly. Jesus ist sehr traurig, wenn die Menschen nichts von ihm wissen wollen. Aber wenn jemand umkehrt, dann freut er sich sehr. Denn schließlich liebt er uns ja und will, dass wir glücklich sind. Das geht aber nicht, wenn wir nicht bei ihm sein wollen, denn zwingen will er uns nicht.

CHARLY: Das war aber eine tolle Geschichte. Die kann ich mir besonders gut merken! Jesus ist der gute Hirte und liebt mich so sehr! Toll! Das muss ich sofort meinen Freunden erzählen.

Bewegungsspiel „Wo ist denn mein Schaf?"

Die Betonung ist bei diesem Stück von sehr großer Bedeutung.

Wo ist mein Schaf denn nur?	*ducken und Ausschau halten, indem wir eine Hand über die Augen legen*
Von meinem Schaf fehlt jede Spur.	*auf den Boden zeigen, Kopf schütteln*
Wo kann mein Schaf nur sein?	*Achseln zucken*
Es irrt herum so ganz allein.	*eine kleine Runde im Kreis gehen*
Ich liebe mein Schaf so sehr.	*Hand auf das Herz legen*
Hoffentlich kommt es bald	*herbeiwinken*
wieder hierher.	*auf den Boden zeigen*
Schaut her, mein Schaf	*sehr erfreut sprechen*
ist wieder da!	*auf den Boden zeigen*
Ruft laut mit mir „Hurra!"	*laut „hurra!" rufen*
Welch ein großes Glück,	
mein Schaf ist wieder zurück.	*klatschen*

Fingerspiel „Schaf wo bist du?“ (Melodie: Bruder Jakob)

Viele Schafe, viele Schafe	*über den Bauch des Kindes grabbeln*
auf der Wiese, auf der Wiese,	*Bewegungen wie oben*
plötzlich ist ein Schaf weg,	*Hände hinter dem Rücken verstecken*
plötzlich ist ein Schaf weg.	
Wo ist's hin? Wo ist's hin?	*eine Hand über die Augen legen*
Guter Hirte, guter Hirte	*nach oben zeigen*
sucht das Schaf, sucht das Schaf,	*eine Hand über die Augen legen*
weil er es sehr lieb hat,	*nach oben und auf das Herz zeigen*
weil er es sehr lieb hat,	*nach oben und auf das Herz zeigen*
dieses Schaf, dieses Schaf.	*mit der Hand winken*
Schaf, wo bist du, Schaf, wo bist du?	*eine Hand über die Augen legen*
Mäh, mäh, mäh, mäh, mäh, mäh!	
Komm in meine Arme,	*das Kind in die Arme schließen*
komm in meine Arme,	*das Kind in die Arme schließen*
ich lieb' dich, ich lieb' dich!	*nach oben und auf das Kind zeigen*

Lieder

Jesus ist der gute Hirte
Weil ich Jesu Schäflein bin
Ich schmeiß' die Arme
Immer und überall
Ich hab von einem Mann gehört

Bastelideen

Wachsbild

Mit einem weißen Wachsmalstift (oder auch mit einer weißen Kerze) malen wir ein Schaf auf weißes Papier. Nun dürfen die Kinder mit Hilfe von Pinsel und Deckfarbe über die weiße Fläche malen, und zum großen Erstaunen der Kinder erscheint nun das Bild eines Schafes.

Das verlorene Schaf in der Schachtel

Eine Streichholzschachtel wird mit grünem Buntpapier oder grünem Tonkarton bezogen. Danach bemalen oder bekleben wir die Schachtel mit bunten Blumen. Aus weißem Tonkarton schneiden wir ein Schaf aus, das genau in die Streichholzschachtel passt. Eventuell kann das Schaf auch noch mit weißer Watte beklebt werden. Nun legen wir das Schaf in die Schachtel. Wenn die Streichholzschachtel auf- und zugemacht wird, kann das Schaf verschwinden und voller Freude wieder gefunden werden. Die Kinder haben großen Spaß dabei.

Das verlorene Schaf in der Rolle
Eine kleine Papprolle (z.B. Klopapier-Innenrolle) wird mit einer bunten Wiese bemalt. Auf die Rolle schreiben oder kleben wir den Vers „Jesus ist der gute Hirte". Aus Pfeifenputzern, die wir mit Wolle umwickeln, basteln wir ein kleines Schaf. Das Schaf sollte in die Rolle passen. Nun lässt sich zur großen Freude der Kinder das Schaf immer wieder in der Rolle verstecken und dann wieder hervorholen.

Puzzle
Ein Gruppenfoto in der Größe 13 x 18 cm oder größer kleben wir auf stabile Pappe. Nun zerschneiden wir das Foto (nicht zu klein!). So hat jedes Kind ein Puzzlespiel, ein Erinnerungsfoto und eine bleibende Erinnerung an das verlorene Schaf und an das Rollenspiel.

Spiele

Verschwundenes Allerlei
In der Öffnung einer Papprolle lassen wir kleine Gegenstände verschwinden. Nach kurzer Zeit holen wir die Gegenstände wieder hervor.

Topfschlagen
Im Raum wird ein Topf versteckt, unter den wir ein kleines Plüschschaf legen. Ein Kind muss nun mit verbundenen Augen und einem Kochlöffel in der Hand den Topf suchen.

Wo ist denn nur mein Lieblingstier?
Die Kinder dürfen ihr Lieblings-Plüschtier mitbringen. Im Raum werden ganz viele Decken verteilt. Nun versteckt einer alle Plüschtiere

unter den Decken. Die Suche kann beginnen.
Bei sehr vielen Kindern sollten nicht alle Kinder gleichzeitig suchen und natürlich auch nicht alle Tiere gleichzeitig versteckt werden.

Gebet

Guter Gott, wir sind deine Schafe.
Du liebst uns so sehr,
wo wir auch hingehen,
du gehst hinter uns her.
Und wenn wir wirklich mal verloren sind,
dann findest du uns ganz bestimmt.

Segen

Dein guter Hirte stehe segnend über deinem Leben,
er selber hat es dir gegeben.
Er segne jeden Schritt auf dem Weg, den du gehst.
Er segne dich, ob du läufst oder ob du stehst.
Er segne dein Vertrauen,
auf ihn und seinen guten Weg zu bauen.

13. Der verlorene Sohn

Bibeltext
Lukas 15,11-32

Rollenspiel „Der verlorene Sohn"
Personen: Handpuppe Rosa, Handpuppe Rudi

ROSA: *(pfeift und trällert vergnügt)* Lalala, lalala ...
RUDI: Hallo, Rosa - sag mal, was ist denn mit dir los?
ROSA: Wieso?
RUDI: Du bist doch sonst nicht so vergnügt.
ROSA: Lass mich doch fröhlich sein!
RUDI: Na, nun sag schon, Rosa, was freut dich denn so?
ROSA: Ich freue mich darüber, dass Gott mich liebt, selbst wenn ich mal böse bin.
RUDI: Aber wir sollen doch immer lieb sein, Rosa.
ROSA: Ich gebe mir ja auch die größte Mühe. Aber nun tu doch nicht so, als ob du immer lieb wärst, Rudi.
RUDI: Also nur mal angenommen, ich wäre wirklich ausnahmsweise rein zufällig mal nicht lieb ...
ROSA: Kommt bei dir ja öfters vor, Rudi. Sieh mal, dann kannst du zu Gott beten und ihn um Vergebung bitten.
RUDI: Woher weißt du das alles, Rosa?
ROSA: Soll ich dir mal 'ne ganz tolle Geschichte erzählen, Rudi?
RUDI: Wieder so eine spannende Geschichte aus der Bibel? Fass dich aber bitte kurz, Rosa, gleich gibt es nämlich Mittagessen.
ROSA: Also hör zu, Rudi. Kinder, hört jetzt auch mal ganz genau zu! Ein Vater hatte zwei Söhne. Der jüngste Sohn ließ sich von seinem Vater sein Erbteil auszahlen. Das war sehr, sehr viel Geld.
RUDI: Toll! Ich hätte mir erstmal ganz viel Eis und Schokolade gekauft und Bonbons natürlich auch.
ROSA: Genau - der Sohn gibt auch das ganze Geld für Essen und Trinken aus. Aber nicht nur für sich. Weil er so viel Geld hat, hat er plötzlich auch viele Freunde, für die er alles bezahlt. Doch eines Tages hat der Sohn kein Geld mehr, keinen Cent.

RUDI: Aber wofür hat man denn Freunde? Die haben ihm doch sicher aus der Klemme geholfen, oder?

ROSA: Denkste! Keiner wollte mehr was von ihm wissen.

RUDI: So eine Gemeinheit! Erst bezahlt er alles für die anderen, und dann lassen sie ihn verhungern.

ROSA: Ja - und er hatte so einen Hunger, dass er beim Bauern Schweine hüten musste, um sich Geld zu verdienen. Er war sehr traurig darüber. Doch dann wollte er zurück zu seinem Vater gehen, um bei ihm zu arbeiten.

RUDI: Das hätte ich mich ja nie getraut. Als ob der Vater noch was von seinem Sohn wissen wollte?! Wo er doch das ganze Geld ausgegeben hat. Geht der Sohn denn wirklich nach Hause zurück?

ROSA: Ja - und der Vater läuft ihm entgegen.

RUDI: Und dann gibt es erst einmal eine ordentliche Tracht Prügel!

ROSA: Eben nicht, Rudi.

RUDI: Wie - keine Prügel? Dann aber doch bestimmt einen Monat Fernsehverbot.

ROSA: Auch kein Fernsehverbot.

RUDI: Was denn dann für 'ne Strafe, Rosa? Irgendeine Strafe hat sich der Sohn jetzt doch verdient.

ROSA: Das ist ja gerade das Schöne an der Geschichte. Du wirst es nicht glauben, der Vater bestraft seinen Sohn überhaupt nicht. Er nimmt ihn in die Arme und freut sich darüber, dass er wieder zu Hause ist.

RUDI: Was für ein lieber Vater! Und was sagt der Sohn dazu?

ROSA: Dem tut alles sehr sehr Leid, und er bittet seinen Vater um Vergebung. Und dann feiern sie ein großes Fest.

RUDI: Und was hat das alles mit Gott zu tun?

ROSA: Gott ist wie dieser Vater. Er verzeiht uns, wenn wir einen Fehler gemacht haben oder wenn wir böse waren. Wir dürfen zu ihm kommen und ihn um Vergebung bitten. Er schickt uns niemals fort.

RUDI: Kennst du noch mehr so schöne Geschichten, Rosa? Jetzt bin auch ich so richtig fröhlich. Komm, Rudi, lass uns zusammen singen *(singen zusammen Lalalala lalalala ...)*.

Bewegungsspiel „Unser guter Vater"

Gott	*nach oben zeigen*
liebt	*auf das Herz zeigen*
alle,	*einen großen Halbkreis ziehen*
Groß	*wir zeigen auf uns*
und Klein,	*wir zeigen auf die Kinder*
und möchte unser guter Vater sein.	
Liebend	*auf das Herz zeigen*
schließt der uns in seinen Arm,	*Kinder umarmen*
liebend	*auf das Herz zeigen*
ist er uns ganz nah	*wir legen unsere Arme auf die Schultern des Kindes*
und ist immer für uns da.	

Mitmachgeschichte „Der verlorene Sohn"

Ein Sohn verlässt seines Vaters Haus
auf der Stelle gehen
und geht in die weite, weite Welt hinaus.
mit einem Arm in die Ferne zeigen
Auf dem Rücken einen Sack voll Geld,
wir machen einen Buckel und tun so, als ob wir etwas Schweres tragen
so geht er in die weite, weite Welt.
in dieser Haltung gehen wir im Kreis
Bald schon ist der Sack leer,
Geld hat er nun nicht mehr.
in die Hosentaschen gucken, Kopf schütteln
Er hat großen Hunger nun. Was soll er nur tun?
Hand auf den Bauch legen, Kopf schütteln
Er geht Schweinehüten, doch Essen kann man ihm nicht bieten.
Das hält der Sohn nicht aus, zurück will er in seines Vaters Haus.
mit einer Hand zu uns winken, als ob wir jemanden herbeiwinken, mit zwei Händen über dem Kopf ein Dach zeigen
Sein Sohn kann er jetzt nicht mehr sein - nein, nein!
Kopf schütteln und rufen „nein, nein!"

Hoffentlich lässt sein Vater ihn überhaupt ins Haus herein.
Doch was dann geschieht ist wunderbar!
Der Vater schaut zum Fenster raus

mit Hand über den Augen Ausschau halten

und läuft vor Freude schnell hinaus und seinem Sohn entgegen,

Laufbewegung auf der Stelle

der darf sich in die liebenden Arme seines Vaters legen.

Eltern und Kinder stehen sich gegenüber, laufen sich entgegen, umarmen sich, Eltern flüstern dem Kind „Ich hab dich lieb" ins Ohr

So, wie dieser Vater, so ist Gott.

nach oben zeigen

Auch er schickt uns nicht fort,

in die Ferne zeigen, Kopf schütteln

denn Gott liebt uns sehr.

Lieder

Der liebende Vater (Melodie: Die Tiroler sind lustig)
Unser Vater ist glücklich,
unser Vater ist froh,
läuft dem Sohn schon entgegen,
er liebt ihn ja so.

Geliebter Sohn (Melodie: Bruder Jakob)
1. Sohn geht fort, Sohn geht fort
ganz weit weg, ganz weit weg
in die weite Ferne, in die weite Ferne,
weg ist's Geld, weg ist's Geld.

2. Und der Junge, und der Junge
läuft zurück, läuft zurück
in des Vaters Arme, in des Vaters Arme,
der ihn liebt, der ihn liebt.

weitere Lieder
Wenn ich bedenke, was der Herr getan

Gottes Liebe ist so wunderbar
Immer und überall
Ich schmeiß die Arme
Gott ist stärker

Bastelideen

Liebende Arme
Aus Tonkarton schneiden wir zwei Arme aus. Die Hände kommen etwas übereinander und werden so zusammengeklebt.
Auf einen Arm schreiben wir: „Liebend schließt Gott (Name des Kindes) in seinen Arm." Auf den anderen Arm schreiben wir: „Du darfst immer zu ihm kommen." Nun nehmen wir ein Foto unseres Kindes und schneiden nur die Umrisse des Kindes aus. Dann kleben wir das ausgeschnittene Foto auf das Ende eines ca. 2 cm breiten und 15 cm langen Streifens aus Pappe. Nun schneiden wir in die Mitte der gebastelten Hände einen Schlitz, der so groß sein muss, dass wir das Foto durchschieben können.

Das große Herz
Aus einem roten Pfeifenputzer formen wir ein Herz. Aus einem weiteren Pfeifenputzer formen wir eine Vaterfigur mit weit geöffneten Armen. Das ist der liebende Vater, den wir mit einem Band in das Herz hängen.

Spiele

Wer kommt in meine Arme?
Mütter und Kinder stehen sich in einiger Entfernung gegenüber. Die Mütter rufen dem Kind entgegen: „Wer kommt in meine Arme?"
Dann laufen die Kinder in die Arme der Mütter. Steht der Gruppe eine Rutsche zur Verfügung, so können die Kinder in die Arme der Mütter rutschen.

Gebet

Guter Gott, ist unsre Schuld auch noch so groß,
du lässt uns immer wieder zurück in deinen Schoß.
Du bist es, der sich freut,
wenn jemand seine Schuld bereut.
Voller Freude läufst du uns entgegen,
in deine liebenden Arme dürfen wir uns legen.
Du bist der gute Vater, der uns liebt
und der uns unsre Schuld vergibt.
Guter Gott, wir danken dir
von ganzem Herzen nun dafür.

Segen

Gott, der Herr, ist es, der dir seinen Segen gibt,
Gott, dein guter Vater, der dich so sehr liebt.
Er segne auf deinem Weg jeden Schritt,
den du gehst. Er geht mit.
Er segne dein Vertrauen,
auf seine Liebe zu bauen.

14. Der barmherzige Samariter

Bibeltext
Lukas 10,25-37

Rollenspiel „Barmherziger Samariter“
Personen: Sprecher, Klappmaulpuppe Charly

CHARLY: Hallo Kinder! Jetzt hören wir wieder eine tolle Geschichte. Stimmt doch, oder?
SPRECHER: Richtig, Charly! Ich möchte euch eine Geschichte erzählen.
CHARLY: Na, dann mach doch schon endlich!
SPRECHER: Also: Ein Mann wollte von Jesus wissen, wer denn sein Nächster ist. Als Antwort erzählte Jesus ihm dann eine Geschichte. Hört gut zu: Ein Mann aus Jerusalem macht eine Reise. Unterwegs wird er von Räubern überfallen.
CHARLY: Boh! Ist das aufregend! Und dann?
SPRECHER: Die Räuber schlagen ihn, und sie nehmen ihm alles weg.
CHARLY: Und dann?
SPRECHER: Dann laufen sie fort.
CHARLY: So was Gemeines! Was macht der Mann denn jetzt bloß? Hoffentlich kommt jemand vorbei und hilft ihm.
SPRECHER: Es kommt tatsächlich jemand vorbei, Charly.
CHARLY: Ja? Toll! Wer denn?
SPRECHER: Ein Priester geht vorbei und sieht den verletzten Mann dort liegen.
CHARLY: Toll! Ein Priester! Der hilft dem verletzten Mann natürlich sofort.
SPRECHER: Nein. Der Priester hilft nicht, sondern geht schnell weiter.
CHARLY: Das gibt es doch nicht! Ein Priester kann doch nicht einfach vorbeigehen. Wie geht die Geschichte denn weiter?
SPRECHER: Wieder kommt jemand vorbei.
CHARLY: So, wer denn?
SPRECHER: Ein Tempeldiener geht vorbei.
CHARLY: Oh, toll! Ein Tempeldiener! Na, der hilft jetzt aber endlich!
SPRECHER: Nein, Charly. Auch der Tempeldiener hilft nicht. Er sieht zwar den verletzten Mann dort liegen, doch er macht einen großen Bogen um ihn und geht schnell weiter.

CHARLY: Das ist aber sehr gemein! Wenn diese frommen Männer schon vorbeigehen, wer soll denn dann weiterhelfen? Also ich glaub kaum, dass dem verletzten Mann noch jemand weiterhilft. *(kurze Pause)* Oder kommt da etwa noch jemand vorbei?

SPRECHER: Ja, Charly. Es kommt tatsächlich noch jemand vorbei.

CHARLY: Wer denn?

SPRECHER: Ein Samariter geht vorbei. Das war ein Feind.

CHARLY: Na, der hilft dem verletzten Mann ja wohl auf keinen Fall. Ein Feind! Wieso musste denn jetzt ausgerechnet ein Feind vorbeigehen? Konnte nicht ein Freund kommen?

SPRECHER: Es ist aber sehr gut, dass dieser Feind vorbeikommt, denn gerade dieser Feind hilft dem Mann.

CHARLY: Was?! Die frommen Männer gehen vorbei und ausgerechnet ein Feind hilft dem verletzten Mann?! Das kann ich wirklich nicht glauben!

SPRECHER: Es stimmt aber, Charly. Der Samariter geht sofort zu dem verletzten Mann und verbindet seine Wunden. Dann hebt er ihn auf seinen Esel und bringt ihn ins nächste Gasthaus.

CHARLY: Das ist aber sehr nett von dem Samariter.

SPRECHER: Ja, und der Samariter bleibt sogar über Nacht und versorgt den verletzten Mann.

CHARLY: Oh, die ganze Nacht lang? Hat der Samariter denn gar nicht geschlafen?

SPRECHER: Das weiß ich nicht, Charly. Aber der verletzte Mann war ihm viel wichtiger als schlafen. Und am nächsten Morgen gibt der Samariter dem Wirt sogar Geld, damit er den verletzten Mann gesund pflegen kann. Und auf dem Rückweg wollte er sogar noch einmal vorbeischauen und, falls die Pflege mehr kostet, den Rest bezahlen.

CHARLY: Boh, da hat der Samariter dem verletzten Mann ja nicht nur Zeit geschenkt, sondern auch noch Geld! Trotzdem versteh ich nicht, wie der Samariter zu seinem Feind so liebevoll sein konnte? Er hat sich so sehr um ihn gesorgt. Wie konnte er das nur schaffen?

SPRECHER: Der Samariter hat das Gebot der Nächstenliebe befolgt.

CHARLY: Was? Das musst du mir jetzt aber genauer erklären. Was denn für ein Gebot?

SPRECHER: Du sollst Gott von ganzem Herzen lieben und deinen Nächsten wie dich selbst.

CHARLY: Dann kann mein Feind ja auch mein Nächster sein. Das hätte ich nicht gedacht! Ich dachte immer, Feind ist Feind! Ein Feind und dann mein Nächster!

SPRECHER: Aber so ist es, Charly. Immer derjenige, der dir gerade nah ist, ist dein Nächster.

CHARLY: Aber mir ist ja immer jemand anders nah. Wenn ich zum Beispiel im Urlaub bin, sind mir Menschen nah, die mir sonst nicht nah sind.

SPRECHER: Deshalb sollst du ja auch alle Menschen lieben, Charly. Und zwar so, wie dich selbst.

CHARLY: Das ist aber ganz schön schwer!

SPRECHER: Das stimmt, Charly. Aber Gott will dir dabei helfen, wenn du ihn darum bittest.

CHARLY: Das muss ich auch, alleine schaff ich das nämlich nicht!

Mitmachgeschichte „Ein Mann aus Jerusalem"

Ein Mann aus Jerusalem macht eine weite Reise.

wir gehen ein paar Schritte im Kreis

Plötzlich wird er von Räubern überfallen.

die Kinder legen sich auf den Boden

Sie schlagen ihn und tun ihm sehr weh.

„aua!" rufen

Dann laufen sie fort. Plötzlich geht ein Priester vorbei.

Die Kinder liegen noch auf dem Boden, die Eltern gehen schnell an ihnen vorbei und schauen zur Seite, dann schütteln sie den Kopf.

Er sieht zwar den verletzten Mann dort liegen, schaut aber schnell zur Seite und hilft ihm nicht.

Dann kommt ein Tempeldiener vorbei.

Bewegungen wie oben wiederholen

Auch er sieht den verletzten Mann dort liegen, schaut aber schnell zur Seite und hilft auch nicht.

Dann kommt ein Samariter vorbei.

Eltern kommen aus kleiner Entfernung auf das Kind zu, knien sich nieder

Ein Feind! Der Samariter sieht den verletzten Mann dort liegen und verbindet ihm sofort seine Wunden.

Eltern verbinden das Kind mit einer Mullbinde

Dann hebt er ihn auf seinen Esel

jetzt spielen die Eltern den Esel (auf allen vieren), das Kind wird von einem Erwachsenen auf den Esel gehoben, nun gehen sie gemeinsam eine kleine Runde im Kreis

und bringt ihn in das nächste Gasthaus.
So, nun sind sie am Gasthaus angekommen.

Esel bleibt stehen, Kind steigt ab

Der Samariter bleibt die ganze Nacht bei dem verletzten Mann und sorgt für ihn.
Der freut sich sehr, dass sein Feind so nett zu ihm ist.

Kinder sagen „vielen Dank!"

Dann fragt der verletzte Mann den Samariter: „Wieso bist du nur so nett zu mir?" Darauf antwortet ihm der Samariter: „Ich soll Gott von ganzem Herzen lieben und auch meinem Nächsten gegenüber Liebe üben." *Kinder umarmen die Eltern*

Nach dieser Mitmachgeschichte führen wir das Bewegungsspiel „Von der Liebe" durch.

Bewegungsspiel „Von der Liebe"

Ich	*auf uns zeigen*
soll Gott	*nach oben zeigen*
von ganzem Herzen lieben	*auf das Herz zeigen*
und auch meinem Nächsten	*auf die anderen zeigen*
gegenüber Liebe üben.	*auf das Herz zeigen, den Nachbarn gleichzeitig mit einem Arm umarmen*

Lieder

Liebe, die aus dem Herzen kommt (Melodie: Bruder Jakob)
Meinen Nächsten, meinen Nächsten
und auch Gott, und auch Gott
soll ich so sehr lieben, soll ich so sehr lieben
wie mich selbst, wie mich selbst.

weitere Lieder
Ein Mann ging von Jerusalem
Liebe Gott und deinen Nächsten

Aktionen

<u>Spielzeug für andere Kinder</u>
Jedes Kind sucht von seinem Spielzeug ein Teil aus, um dies weiterzuverschenken. Möglich wäre zum Beispiel ein Kinderheim, an das wir das mitgebrachte Spielzeug der Kinder weiterleiten. Wir sollten den Kindern sagen, an wen die Geschenke weitergegeben werden und wieso wir das tun. Am besten legen die Kinder ihr Geschenk selbst in einen großen Karton. Dieser Karton kann von den Kindern mit Fingerfarbe bemalt werden. So haben sie einen weiteren Beitrag geleistet.

<u>Das Erinnerungspflaster</u>
Zur Erinnerung an diese Geschichte erhält jedes Kind ein Pflaster. Es gibt Kinderpflaster mit lustigen, bunten Motiven.

Bastelideen

<u>Doktorkoffer</u>
Gemeinsam wird das Zubehör zu einem Doktorkoffer zusammengestellt. Als Arztkittel dient ein weißes Oberhemd. Eventuell werden die Ärmel abgeschnitten oder gekrempelt. Als Schwesterntracht dient eine weiße Schürze. Verbandsmaterial wird von zu Hause mitgebracht. Leeres Verpackungsmaterial von Medikamenten eignet sich hervorragend für den Doktorkoffer. Aber auch leere, ausgespülte Cremedosen können verwendet werden. Einwegspritzen sind in jeder Apotheke erhältlich und sollten auf keinen Fall fehlen. Für den HNO-Spiegel wird ein Bierdeckel mit Silberfolie überzogen, damit man ihn aufsetzen kann, wird an beiden Seiten ein Loch gestochen und ein Hutgummi durchgezogen. Armbinde und Thermometer werden aufgemalt, ausgeschnitten und angemalt. Das Thermometer wird zusätzlich auf Pappe geklebt, damit es stabil genug ist. Als Hörrohr dient eine leere Haushaltsrolle. Aus zwei Pfeifenputzern und einem gelochten

kleinen Schraubverschluss wird ein Stethoskop. Dazu schieben wir die Enden der Pfeifenputzer durch das Loch des Deckels, befestigen sie auf der anderen Seite und bekleben sie dann mit Stoffklebeband. Das Mittelstück des Stethoskops sowie die anderen beiden Endstücke werden mit Gewebeklebeband umwickelt. Pflaster sollten selbstverständlich auch nicht fehlen! Watte geben wir in eine Streichholzschachtel oder in ein kleines Döschen. Ein kleiner Block dient als Rezeptblock. Das gebastelte Zubehör kommt in einen stabilen Schuhkarton, den die Kinder zuvor selbst gestalten können. Sehr passend ist es, wenn die Kinder den Karton mit einem roten Kreuz aus Fingerfarbe anmalen oder mit rotem Buntpapier bekleben. Und nun werden die ersten Patienten aufgerufen: Der Nächste bitte!
Tipp: Falls es zu aufwendig ist, das gesamte Zubehör des Doktorkoffers zu basteln, sollte man sich auf Teile beschränken. Entweder die Eltern basteln die anderen Teile vorher oder erhalten Material (sofern notwendig) und Tipps, um das andere zu Hause aufzufüllen.

Spiele

Der Puppendoktor

Mit dem selbst gebastelten Zubehör für den Doktorkoffer dürfen die Kinder nun ihre Puppen und Plüschtiere verarzten. Falls wir das Zubehör nicht basteln, reichen Mullbinden aus. Wichtig ist dabei nur, dass die Kinder auf diese Weise einen Teil der Geschichte nachspielen. Vermerk im Programmheft: Bitte Puppen, Plüschtiere und Mullbinden mitbringen!

Der Doktor

Nun verbinden und untersuchen die Kinder sich gegenseitig. Vielleicht stellen sich die Eltern ja auch zur Verfügung? Bestimmt macht es den Kindern großen Spaß, auch die Eltern zu untersuchen.

Der barmherzige Samariter

Ein Teil der Geschichte wird von den Kindern direkt nachgespielt: Ein Kind legt sich auf den Boden und spielt den verletzten Mann. Nun wird es von einem weiteren Kind verbunden. Die Eltern spielen den Esel, indem sie auf allen vieren gehen. Das Kind wird von einem weiteren Erwachsenen auf den „Esel" gehoben. Nun gehen Esel, verletzter Mann und Samariter eine Runde im Kreis.

Gebet

Guter Gott,
du liebst uns so sehr
und erleuchtest
mit deiner Liebe unser Leben.
Hilf, dass wir diese Liebe
auch an andere Menschen weitergeben.
Schenk du uns den richtigen Blick
für die Menschen um uns herum
und hilf uns, ihnen Gutes zu tun.

Segen

Es segne dich Gott, der Herr,
er liebt dich so sehr.
Er segne deinen Blick
für den Nächsten in deinem Leben,
denn auch du sollst Gottes Liebe weitergeben.
Er segne dein Denken und dein Handeln
und gebe dir Kraft bei all deinem Tun.

15. Noah und die Arche

Bibeltext
1. Mose 6,7 – 7,9. Gott beauftragt und bewahrt Noah

Mitmachgeschichte „Tiere in der Arche"
Durch die vielen verschiedenen Tiere ist diese Mitmachgeschichte recht lang. Dies können wir selbstverständlich ändern, indem wir einige Tiere weglassen. Wir sollten dies von der Ausdauer der Kinder abhängig machen, obwohl gerade das Nachahmen der Tiere bei den Kindern sehr beliebt ist. In der Regel sind die Kinder dadurch, dass sie so viel wie möglich in das Geschehen mit einbezogen werden, recht eifrig bei der Sache. Je abwechslungsreicher und spannender wir solche Geschichten gestalten, umso konzentrierter sind auch die Kinder.

Die Menschen waren böse jeden Tag	*Fäuste ballen*
und taten nur Dinge, die Gott nicht mag.	*Kopf schütteln*
Sie schlugen sich sogar tot,	*Fäuste ballen und aufeinanderschlagen*
niemand hörte auf Gott.	*Kopf schütteln*
Gott wollte so viel Böses nicht mehr länger sehen,	
alle Menschen	*Arme ausbreiten*
sollten untergehen.	*nach unten zeigen*
Nur einer nicht: Noah - und von dem erzählt unsere Geschichte.	
Hört, was Gott zu Noah spricht:	*nach oben zeigen*
Noah, du allein glaubst	*Hände falten*
an mich,	*nach oben zeigen*
darum will ich verschonen dich.	
Verschonen vor der großen Flut,	*mit den Armen große Wellen zeigen*
bau eine Arche,	*Hammerschläge andeuten*
dann geht's dir gut!	*Faust machen, Daumen zeigt nach oben*

Noah hatte großes Vertrauen *Hände falten*
und fing an, die Arche zu bauen.
gemeinsam stellen wir aus Stühlen eine Arche, so dass für Kinder und Mütter gemeinsam ein Stuhl da ist, jedes Kind erhält nun einen Löffel, mit dem sie nun Noahs Hammerschläge nachmachen, indem sie auf die Stühle klopfen
Rata tatam und dann klopf, klopf, klopf. *mehrmals sprechen*
Noah baut ein Schiff ganz groß. Kommt alle her
mit der Hand winken
und schaut, *eine Hand über die Augen legen*
was der Noah hier wohl baut. *Hammerschläge andeuten (ohne Löffel)*

Der Noah ist nicht bei Verstand, *Vogel zeigen*
ein Schiff *Schiff zeigen*
hier auf dem Land! *Kopf schütteln*
Ha, ha, ha, *gemeinsam sprechen*
schaut die grünen Wiesen da! *eine Hand über die Augen legen, eine Rolle grünes Krepp-band wird abgerollt*

Ha, ha, ha! *gemeinsam sprechen*
Lacht ihr nur alle über mich,
am Ende lache ich.
Gebt nun den Hammer her, *Löffel einsammeln*
den brauchen wir nicht mehr.
Fertig ist die Arche nun -
es gibt nichts mehr zu tun.
Noah allein ging mit seiner Familie *nun dürfen die Kinder mit ihren Plüschtieren auf dem Arm und an der Hand der Mutter, in die Arche gehen. Am Eingang der Arche bilden zwei Erwachsene ein großes Tor, die Kinder sitzen auf dem Schoß der Mütter, die Plüschtiere werden von den Kindern bzw. den Müttern vorgestellt, wenn es die Ausdauer der Kinder erlaubt, lassen wir die Kinder Tierstimmen nachahmen oder erraten*
in die Arche hinein.
Kommt in die Arche, ihr Tiere, kommt herbei,
herbeiwinken

von jedem Tier brauchen wir zwei:
Ochs und Esel und die Fliege, Ente, Hase und die Ziege,
Katz und Maus und Elefant kommen schnell herbeigerannt.
Schnecke, Frosch und Bär, kommt alle her!
Eule, Nashorn, Stachelschwein, alle, alle müssen rein.
Mücke, Floh und Affe und die riesige Giraffe.
Känguru und Krokodil sind der Tiere wirklich viel.
Eisbär noch und Pinguin passen gerade noch hierhin.
Tiger, Löwe, Kakadu, jetzt machen wir die Türe zu.

Die Erwachsenen schließen das Tor

Was ist denn das? Plötzlich ist hier alles nass!
Und der Regen fällt

mit einem Zerstäuber ein wenig bespritzen, Regenschirm aufspannen (Mitarbeiter)

überall auf diese Welt.

nun dürfen die Kinder den Regen nachmachen, dazu setzen sie sich auf den Fußboden

Hört, es tröpfelt ganz leise:
blub, blub, blub.

gemeinsam sprechen, leise mit den Fingern klopfen

Hört, es tropft etwas lauter:
blubber, blubber, blubber.

gemeinsam sprechen, etwas lauter klopfen

Hört, noch lauter fängt es dann zu regnen an:
platsch, platsch, platsch.

gemeinsam sprechen, noch lauter klopfen

Es schüttet und gießt,
seht, wie überall Wasser fließt:
pitsche, patsche, pitsche, patsche.

gemeinsam sprechen, ganz laut klopfen

Es gießt und gießt,
seht her, wie überall Wasser fließt.

eine Rolle blaues Kreppband wird abgerollt

Plötzlich dann ein Blitz, ganz laut -	
hört wie der Blitz auf die Erde haut.	*ganz laut in die Hände klatschen*
Hört den Donner, wie er mit Gewalt	
runter auf die Erde knallt.	*ganz laut mit beiden Händen trommeln*
Regen fällt uns auf den Kopf -	
klopf, klopf, klopf.	*auf die Stuhllehnen klopfen*
Hilfe,	*„Hilfe!" rufen*
Noah, lass uns rein!	
Hilfe, wir wollen auch in der Arche sein!	*„Hilfe!" rufen*
Zu spät, zu spät,	*wir legen eine Hand auf unsere Armbanduhr und schütteln den Kopf*
seht, wie alles untergeht!	*nach unten zeigen*
Regen hier und Regen dort	
und die Arche, die schwimmt fort.	*Mütter und Kinder schunkeln*
Sie schwimmt lange, lange Zeit,	*Mütter und Kinder schunkeln*
doch dann endlich ist es soweit,	
die Erde ist wieder schön -	
kommt, wir können aus der Arche gehen.	*Mütter und Kinder verlassen gemeinsam die Arche, zwei Erwachsene bilden das Tor*
Kommt alle her	*herbeiwinken*
und seht,	*eine Hand über die Augen legen*
was dort am Himmel steht.	*falls wir einen Regenbogen gemalt haben, zeigen wir diesen hoch, alle zeigen auf den Regenbogen*
Dort erstrahlt in den allerschönsten Farben,	

die wir auf der Erde haben,	
ein Regenbogen, bunt und schön.	
Es macht Spaß, ihn anzusehen.	
Damit	*auf den Regenbogen zeigen*
gibt Gott	*nach oben zeigen*
den Menschen ein großes Versprechen -	*Hände aufeinander schlagen*
niemals wird er es brechen.	
Jetzt wird alles gut - nie mehr	*Kopf schütteln*
kommt so eine große Flut	*mit den Armen große Wellen zeigen*
Noah dankt	*Hände falten*
Gott sehr	*nach oben zeigen*
und bringt ihm große Ehr.	

Lieder

Ein Schiff sollte der Noah bauen (Melodie: Ein Vogel wollte Hochzeit machen)

Ein Schiff sollte Noah bauen,
weil es Gott so wollte.
Fidiralala, fidiralala, fidirala lalala.
Drum singt ganz laut, drum summt mal mit,
schaut, wer die Arche nun betritt.
Fidirallala...
Der Affe, der Affe,
der saß auf der Giraffe.
Der Floh, der Floh,
saß auf dem Affen sowieso.
Die Schnecke, die Schnecke,
kam langsam um die Ecke.
Der Elefant, der Elefant
kam mit dem Rüssel in der Hand.
Die Maus, die Maus
nahm vor der Katz Reißaus.
Die Fliege, die Fliege,
die saß auf einer Ziege.
Die Zecke, die Zecke

musst in die letzte Ecke.
Die Eule, die Eule
nahm Abschied mit Geheule.
Die Mücke, die Mücke
passt grad noch in die Lücke.
Die Kuh, die Kuh,
die kam noch vor dem Känguru.
Die Schlange, die Schlange,
die machte allen Bange.
Der Eisbär, der Eisbär,
der macht das Schiff besonders schwer.
Die Spinne, die Spinne
hat Böses nur im Sinne.
Die Gans, die Gans,
die machte einen Freudentanz.
Der Hahn, der Hahn,
der fing ganz laut zu krähen an.
Die Hummel, die Hummel,
die machte großen Rummel.
Das Stachelschwein, das Stachelschwein
ging kaum noch in die Arche rein.
Der Kakadu, der Kakadu
machte dann schnell die Türe zu.

Noah und der Regenbogen (Melodie: Bruder Jakob)

Alle Menschen, alle Menschen
sind so schlecht, sind so schlecht,
alle sind sie böse, alle sind sie böse,
sie vergeh'n, sie vergeh'n.

Lieber Noah, lieber Noah,
bist mein Freund, bist mein Freund,
sollst nicht untergehen, sollst nicht untergehen,
bau ein Schiff, bau ein Schiff.

Eine Arche, eine Arche,
Tiere drin, Tiere drin,

zwei von jeder Sorte, zwei von jeder Sorte,
auf das Schiff, auf das Schiff.

Noah sägte, Noah sägte
ganz viel Holz, ganz viel Holz,
alle Leute sagten, alle Leute sagten:
„Ach, wie blöd! Ach wie blöd!"

Alle lachten, alle lachten
Noah aus, Noah aus,
der hat nichts begriffen, der hat nichts begriffen,
baut aufs Land, baut aufs Land.

Tropf, tropf, Tropfen, tropf, tropf, Tropfen,
Noah ging, Noah ging.
Es begann zu regnen, es begann zu regnen,
alles nass, alles nass.

Überschwemmung, Überschwemmung,
überall, überall,
alle gingen unter, alle gingen unter,
Noah nicht, Noah nicht.

Schwamm die Arche, schwamm die Arche,
lange Zeit, lange Zeit,
bis das Wasser nachließ, bis das Wasser nachließ.
Gott sei Dank, Gott sei Dank.

Noah dankte, Noah dankte,
dankte Gott, dankte Gott,
dass er ihn bewahrt hat, dass er ihn bewahrt hat.
Gott ist gut, Gott ist gut.

Regenbogen, Regenbogen
hoch am Himmel, hoch am Himmel,
Gott hat es versprochen, Gott hat es versprochen.
Er gibt acht, er gibt acht.

weitere Lieder

Ratatatam
Noah baut ein großes Schiff
Noah baut eine Arche sich
Hört ihr Noahs Hammerschläge
Die Tiere kommen

Bastelideen

Mobile „Noah und die Arche"

Aus Tonkarton werden eine Arche und verschiedene Tiermotive ausgeschnitten, aus denen ein Mobile gebastelt wird. Um die Kinder mit in die Arbeit einzubeziehen, die nicht mit der Schere arbeiten können, lässt sich weißer Tonkarton mit Fingerfarbe oder Wachsmalstiften anmalen.

Tiere aus Naturmaterialien

Aus Kastanien und Eicheln lassen sich mit Hilfe von Schaschlikspießen, Streichhölzern, Leim und Schnüren viele verschiedene Tiere basteln.

Arche aus Eierkartons

Diese Arche ist sehr leicht herzustellen und eignet sich hervorragend dazu, die Geschichte nachzuspielen. Um diese Arche zu basteln, werden vier Eierkartondeckel benötigt. Mit Hilfe eines Klammeraffen werden die Eierkartondeckel zu einer Raute zusammengeheftet, so dass die Form einer Arche entsteht. Für den Boden der Arche schneiden wir ein Stück Pappe zurecht und kleben ihn fest.
In eine Seite schneiden wir mit Hilfe eines Teppichmessers eine Tür. Nun schneiden wir uns ein 38 x 28 cm großes Stück Pappe zurecht und falten die längere Seite in der Mitte, so dass ein Dach entsteht. Dieses Dach wird nun auf der Arche aufgelegt und beide Teile werden mit Hilfe von Metallklammern für Versandtaschen verbunden.
Nun kommen die Kinder zum Einsatz und dürfen der Arche die nötige Farbe verleihen. Entweder schneiden oder reißen die Kinder aus Bunt- oder Krepppapier in Regenbogenfarben kleine Mosaike, die auf die Arche geklebt werden, oder die Arche wird mit Fingerfarbe bemalt. Und schon kann die Geschichte nachgespielt werden.

Gebet

Guter Gott,
an Noah haben wir sehr gut gesehen,
wer nicht auf dein Wort vertraut, wird untergehen.
Bitte schenk uns das nötige Vertrauen,
auf deine Worte fest zu bauen.
Und schenk uns den Mut, anders zu sein,
hilf uns dabei, denn wir schaffen es nicht allein.

Segen

Gott, der Herr über Regen und Wind,
soll dich mit seinem Segen begleiten
in guten und in schlechten Zeiten.
Er begleite dich auf der Reise
mit deinem Schiff ein Leben lang.
Er segne dich,
ihm gebührt der Dank.
Er segne auch dein Vertrauen,
auf ihn und sein Wort zu bauen.

16. Noah und der Regenbogen

Bibeltext
1. Mose 8,12-22: Gott gibt ein großes Versprechen

Bewegungsspiel „Der Regenbogen"
Für dieses Archespiel wird die gebastelte Arche aus Eierkartons benötigt. Die Kinder werden gebeten, für das Archespiel kleine Tiere und Figuren aus Plastik mitzubringen. Aus blauem Krepppapier schneiden wir ca. 50 cm lange und 2 cm breite blaue Streifen aus. Die lassen die Kinder auf die grüne Decke fallen, so dass die Decke davon ganz blau ist. Zusätzlich Blumen bereithalten, evtl. Seidenblumen oder Blumen aus Tonkarton ausschneiden.

Die Menschen waren böse und gar nicht gut,	*Fäuste ballen*
deshalb wollte Gott,	*nach oben zeigen*
dass sie ertrinken in einer großen Flut.	*mit den Armen große Wellen zeigen*
Nur Noah sollte nicht ertrinken	
und in der großen Flut versinken.	
Gott sprach zu ihm:	*nach oben zeigen*
„Bau dir eine Arche nun."	*Arme nach vorne strecken und schaukeln*
Und Noah fing sofort an, dies zu tun,	
denn Noah vertraute Gott,	*Hände falten, nach oben zeigen*
die andern Leute aber lachten voll Spott:	
„Ha, ha, ha, seht doch nur den Noah da!"	*gemeinsam rufen*
Und man hörte Noah, wie er baut,	
denn die Hammerschläge waren laut:	
Bum bum bum.	*Kinder klopfen auf den Boden*
Fertig ist die Arche, schaut her,	*nun stellen wir die gebastelte Arche auf eine grüne Decke*
doch wo bleibt nur das Wasser?	
Überall ist es noch grün und schön,	
Wasser aber ist nicht zu sehn.	*Kopf schütteln*

Seht ihr etwa Wasser? Nein! *Gemeinsam rufen*
Doch trotzdem ging Noah
mit seiner Familie in die Arche hinein. *nun lassen die Kinder ihre Figuren in die Arche gehen, vorher darf ein Kind die Tür öffnen*
Und auch alle Tiere, kommt schnell *nun lassen die Kinder ihre Tiere in die Arche gehen*
herbei, von jedem Tier brauchen wir zwei. *die Kinder werden aufgefordert, zu sagen, um welches Tier es sich dabei handelt, und wenn sie möchten, dürfen sie die Tierstimmen nachahmen*
Jetzt werden wir die Türe schließen, *ein Kind darf die Tür schließen*
doch ich sehe immer noch kein Wasser fließen. *Kopf schütteln*
Oh, was ist denn das? Plötzlich wird hier alles nass.
gemeinsam sprechen
Es regnet und regnet und schüttet und gießt! *die Kinder lassen die Streifen auf die grüne Decke fallen, so dass die Decke davon ganz blau ist. Dann kann man noch eine blaue Decke darüber legen.*
Seht, wie überall Wasser fließt!
Plötzlich dann ein Blitz, ganz laut -
hört, wie der Blitz auf die Erde haut. *ganz laut in die Hände klatschen*
Hört den Donner, wie er mit Gewalt *ganz laut mit den Händen trommeln*
herunter auf die Erde knallt.
Es regnet mehr und mehr, *das blaue Tuch wird langsam hochgehoben*
das Wasser steigt immer höher.
Die andern Leute wollen auf die Arche drauf, *die Kinder stellen die restlichen Figuren vor die Arche und rufen: „Hilfe, Noah, nimm uns mit!"*
doch Noah lässt sie nicht mehr hinauf.
Zu spät, zu spät, *ein weiteres blaues Tuch wird nun über die restlichen Figuren gelegt, die sich auf dem Fußboden, unterhalb der Arche befinden*
seht, wie alles untergeht.
Wasser, Wasser hier und dort, *auf das blaue Tuch zeigen (mit Arche)*
Wasser, Wasser an jedem Ort, *auf das andere blaue*

Tuch zeigen, das über den Figuren liegt

und die Arche schwimmt nun fort. *nun wird das blaue Tuch, auf dem die Arche liegt, geschaukelt*

Die Arche schwimmt lange, lange Zeit, *weiterschaukeln*
doch endlich dann ist es soweit,
die Erde ist wieder schön - *das blaue Tuch und die Krepppapierstreifen werden weggenommen, und es erscheint das grüne Tuch. Zusätzlich kann man darauf Blumen legen.*
kommt, wir können aus der Arche gehn. *ein Kind darf die Tür der Arche öffnen, nun holen die Kinder die Tiere sowie Figuren aus der Arche heraus*
Durch diese Tür gehn wir nun raus -
ach, wie schön sieht die Erde doch wieder aus!
Oh, was ist denn dort am Himmel zu sehn? *nach oben zeigen, einen Arm hin- und herbewegen, eine Hand über die Augen legen*
Ein Regenbogen - so bunt und so schön! *falls wir einen Regenbogen gemalt haben, zeigen wir ihn hoch, wir können auch Kreppbänder in den Regenbogenfarben ausschneiden und diese durch die Luft schwingen oder in Form eines Regenbogens auf den Fußboden legen*
Mit diesem Regenbogen wird alles gut,
niemals mehr kommt eine so große Flut! *den Kopf schütteln*
Das hat Gott versprochen, *nach oben zeigen*
und niemals hat Gott je sein Wort gebrochen.
Gott *nach oben zeigen*
liebt uns alle, *auf unser Herz zeigen*
das dürfen wir wissen,
deshalb wird niemals mehr *den Kopf schütteln*
eine Flut die Erde begießen. *große Wellen zeigen*
Wir danken Gott sehr, *Hände falten*
er ist ein großer Gott und Herr. *Arme in die Luft strecken*

Lieder und Gedichte

Sieh den Regenbogen an
Auf der Regenbogenstraße
Ein bunter Regenbogen

Wenn wir diesen Text vorlesen, sollten wir uns so hinstellen, dass wir direkt auf den Regenbogen schauen, eventuell mit den Regenbogenbändern in der Hand. Wenn wir die Bedeutung der Regenbogenfarben vorlesen, sollten wir jeweils auf die entsprechende Farbe zeigen.

Regenbogen bunt und schön

Und wenn der Himmel Regen weint,
die Sonne zu uns runter scheint,
erstrahlt am Himmel in den schönsten Farben,
die wir auf der Erde haben,
ein Regenbogen, bunt und schön,
es macht Spaß, ihn anzusehen.
Gott setzt dem Himmel eine Mütze auf,
so schön und so bunt -
wir wissen, dies hat einen Grund.
Gott hat den Menschen etwas versprochen -
was Gott verspricht, wird nicht gebrochen.
Der Regenbogen spricht:
„Habt keine Angst, fürchtet euch nicht!
Niemals mehr wird so eine Flut geschehen,
niemals mehr wird alles untergehen.
Gott ist es, der zu den Menschen steht,
Gott ist es, dessen Liebe niemals vergeht."

Die Bedeutung der Regenbogenfarben

Seht die allerschönsten Regenbogenfarben
und hört, welche Bedeutung sie haben.
Der Regenbogen ist so bunt,
die Farben haben alle ihren Grund.
Ein jeder soll es hören, ich will es euch erklären:
Rot wie die Liebe, schaut mal her,
rot soll euch sagen, Gott liebt euch so sehr.
Gelb wie die Sonne, wie die Sonne so hell,
so warm und so groß,
leuchtet allen Gottes Liebe, sie lässt uns nicht los.
Grün ist die Hoffnung in unserem Leben,
sie soll uns begleiten auf allen Wegen.
Blau steht für Gottes Treue an jedem Tag -

immer hält er zu uns, was auch kommen mag.
Violett entsteht, wenn man rot und blau vermischt,
und bedeutet, dass Gottes Liebe nie erlischt,
denn mit seiner Liebe ist er uns treu,
jeden Tag neu.
Orange entsteht aus gelb und rot
und bedeutet, wie die Sonne ist die Liebe bei Gott.
Wir danken dir, Gott, für diese Farben,
wir danken dir, dass wir den Regenbogen haben.
Wir danken dir, dass du uns liebst
und uns den Regenbogen gibst.

Reigen

Beide Reigen können auch mit schwingenden Regenbogenbändern in der Hand getanzt werden.

Es strahlt ein bunter Regenbogen (Melodie: Es tanzt ein Bi-Ba-Butzemann)

Ein bunter Regenbogen strahlt	*Die Kinder nehmen sich an die Hand und bilden einen Kreis*
an unserm Himmel auf, dideldum.	
Ein bunter Regenbogen strahlt	*Singend gehen die Kinder im Kreis. Bei „dideldum" heben alle die Arme*
an unserm Himmel auf.	
Er strahlt für dich und strahlt für mich.	
Ich freue mich und du freust dich.	
Ein bunter Regenbogen strahlt	
an unserm Himmel auf.	

Ein bunter Regenbogen lacht
an unserm Himmel schön, dideldum.
Ein bunter Regenbogen lacht
an unserm Himmel schön.
Er lacht für dich und lacht für mich.
Ich freue mich und du freust dich.
Ein bunter Regenbogen lacht
an unserm Himmel schön.

Ein bunter Regenbogen tanzt
an unserm Himmel rum, dideldum.
Ein bunter Regenbogen tanzt
an unserm Himmel rum.
Er lacht für dich und lacht für mich.
Ich freue mich und du freust dich.
Ein bunter Regenbogen tanzt
an unserm Himmel rum.

Regenbogen, du bist hier (Melodie: Brüderchen, komm tanz mit mir)

Regenbogen, du bist hier, alle, alle tanzen wir. Du bist bunt, du bist schön, kunterbunt schön anzusehn.	*Die Kinder nehmen sich an die Hand und tanzen im Kreis.*

Aktion: Der eigene Regenbogen

Ein kleiner Regenbogen lässt sich bei Sonnenwetter selbst herstellen, indem wir ein Glas Wasser so auf die Fensterbank stellen, dass die Sonnenstrahlen direkt auf das Glas Wasser fallen. Nun halten wir ein Blatt Papier hinter das Glas und es erscheint ein kleiner Regenbogen.

Bastelideen

Bunter Regenbogen auf Tapete

Auf Tapete wird mit Fingerfarbe ein großer Regenbogen gemalt. Sobald die Farbe getrocknet ist, wird der Regenbogen an der Wand befestigt und bildet den Hintergrund für ein Gruppenfoto. Die Kinder halten dabei ihre mitgebrachten Plüschtiere im Arm. Falls bunte Kreppbänder verteilt wurden, sollten diese mit fotografiert werden. Für das Archespiel wäre es allerdings ratsam, wenn der Regenbogen zuvor von den Mitarbeitern gemalt wird, um ihn dann während des Archespiels an entsprechender Stelle erstrahlen zu lassen.

Regenbogenschleuder

Benötigt wird ein großes Stofftaschentuch oder ein Stück Stoff in der

Größe eines Stofftaschentuchs, das möglichst mit einer Zackenschere ausgeschnitten wird. Zwei Zeitungsblätter werden zu einer Kugel zusammengeknüllt und in die Mitte des Stoffes gelegt. Nun werden die Enden von sechs verschiedenfarbigen Kreppbändern (ca. 2 cm breit und 1 m lang) unter die Papierkugel gelegt, dann wird das Taschentuch bzw. der Stoff über die Papierkugel gezogen und mit einer ca. 70 cm langen Schnur fest zugeknotet. Am Schnur-Ende wird eine Handschlaufe geknotet, damit die Regenbogenschleuder auch geschleudert werden kann.

Bunte Regenbogenbänder
Aus Krepppapier in den unterschiedlichsten Farben schneiden wir 2 cm breite Bänder. Sie sollten ca. 50 cm lang sein. Nun legen wir mehrere verschiedenfarbige Bänder übereinander und verknoten sie an einem Ende mit einer Paketschnur. Nun lassen die Kinder ihre Regenbogenbänder in der Luft tanzen. Wenn die Kinder die Regenbogenreigen tanzen, können sie das mit schwingenden Regenbogenbändern in der Hand tun.

Regenbogenmosaik auf Tapete
Dieser Regenbogen wird aus ca. 10 x 10 cm großen Krepppapierquadraten mit Tapetenkleister auf Tapete geklebt. Durch die leuchtenden Farben des Krepppapiers ist dies ein wunderschöner Anblick.

Regenbogenmosaik auf Papier
Bei diesem Regenbogen können schon bereits sehr kleine Kinder mit Hand anlegen. Aus Krepppapier reißen die Kinder kleine Schnipsel, die mit Hilfe von Doppelklebeband oder Tapetenkleister als Regenbogen auf ein Stück Papier geklebt werden.

Regenbogenfenster
Mit Fingerfarbe wird ein bunter Regenbogen auf das Fenster des Gruppenraumes gemalt. Sind die Kinder zum Malen noch zu klein, so lässt sich der Regenbogen mit den Handflächen aufdrucken, die zuvor mit Fingerfarbe bestrichen wurden.

Regenbogenwandbehang
Auf ein weißes Bettlaken wird mit Stoffmalfarbe ein Regenbogen ge-

malt. Dieser Wandbehang ist ein sehr dekorativer Raumschmuck, der außerdem an die biblische Geschichte erinnert.

Regenbogenkette
Farbige Holzperlen in den Regenbogenfarben werden auf Hutgummi zu einer Kette aufgereiht. Jedes Kind erhält eine solche Kette als Erinnerung an die biblische Geschichte.

Spiele

Tierstimmen raten / Tiere erraten
Die Erwachsenen machen Tierstimmen nach bzw. imitieren Tiere, und die Kinder müssen erraten, um welches Tier es sich dabei handelt. Dann werden die Rollen getauscht.

Gebet

Guter Gott,
wir danken dir für dein Versprechen -
wir wissen, du wirst es niemals brechen.
Den Regenbogen hast du uns zum Zeichen gegeben -
solch eine Flut werden wir nie mehr erleben.
Wir danken dir, dass du uns so sehr liebst.
Danke, dass du uns den Regenbogen gibst.

Segen

Falls ein Regenbogen gemalt wurde, kann man sich zum Empfang des Segens unter den Regenbogen stellen.
Gott, der Herr, segne dein ganzes Leben.
Gott möge deinem Leben die nötige Farbe geben.
Er segne dein Vertrauen,
du musst nur zum Himmel schauen.
Wenn dort ein Regenbogen steht,
dann weißt du, dass sein Segen nie vergeht.

17. Jonas Abenteuer

Bibeltext

Jona 1-4. Jona erlebt viel

Rollenspiel „Jona geht nach Ninive"

Personen: Sprecher, Klappmaulpuppe Charly

CHARLY: Erzählst du uns heute wieder eine spannende Geschichte?

SPRECHER: Die Geschichte, die ich heute erzählen will, ist sogar sehr spannend, Charly.

CHARLY: Na, dann fang doch schon endlich an. Von wem handelt die Geschichte denn eigentlich?

SPRECHER: Die Geschichte heute handelt von Jona. Eines Tages sagt Gott zu Jona: „Auf, Jona, geh, geh nach Ninive! Die Menschen dort sind sehr böse. Sag ihnen, dass ich Ninive zerstören werde."

CHARLY: Und dann?

SPRECHER: Jona geht aber nicht nach Ninive.

CHARLY: Wo geht er denn hin?

SPRECHER: Er läuft und läuft bis er am Meer ist. Dort geht er schnell auf ein Schiff.

CHARLY: Und dann fährt er mit dem Schiff nach Ninive.

SPRECHER: Nein, Charly. Jona will sich auf dem Schiff verstecken.

CHARLY: Verstecken? Vor wem will sich Jona denn verstecken?

SPRECHER: Jona will sich vor Gott verstecken.

CHARLY: Vor Gott? Aber das geht doch gar nicht! Gott ist überall!

SPRECHER: Das merkt Jona dann auch, Charly. Plötzlich schickt Gott einen kräftigen Sturm. Alle auf dem Schiff bekommen große Angst. Sie laufen zu Jona.

CHARLY: Wieso? Wo ist Jona denn?

SPRECHER: Jona liegt im Laderaum des Schiffes und schläft. Aber Jona soll zu Gott beten, dass er ihnen hilft.

CHARLY: Und dann betet Jona und alles wird gut.

SPRECHER: Nein, Charly, so ist es nicht. Jona sagt zu den Männern: „Ich bin schuld an dem Sturm. Gott hat den Sturm geschickt, weil ich vor ihm davongelaufen bin. Werft mich ins Meer, dann hört der Sturm auf."

CHARLY: Aber die können den Jona doch nicht einfach in die hohen Wellen werfen!

SPRECHER: Doch, Charly, die Männer nehmen Jona und schmeißen ihn ins Wasser.

CHARLY: Aber das überlebt doch niemand! Armer Jona, nun muss er sterben!

SPRECHER: Nein, Charly, Jona muss nicht sterben. Jetzt passiert nämlich etwas ganz Ungewöhnliches.

CHARLY: Ach, ich weiß schon, Jona wird von einem anderen Boot gerettet.

SPRECHER: Nein, Charly. Was jetzt passiert, ist noch viel ungewöhnlicher: Jona wird von einem riesengroßen Walfisch verschluckt.

CHARLY: Ist das spannend! Jona wird von einem richtigen Walfisch verschluckt?! Armer Jona, jetzt muss er sterben!

SPRECHER: Nein, Charly, Jona muss nicht sterben. Er sitzt in dem Walfisch. Und er hat große Angst.

CHARLY: Kann ich gut verstehen. Ich hätte auch große Angst. Und dann, was hat Jona dann gemacht?

SPRECHER: Jona betet zu Gott: „Bitte hol mich doch aus dem Fisch heraus!"

CHARLY: Aber Gott ist sicher ganz schön böse auf Jona, weil er ihm doch nicht gehorcht hat. Gott hilft Jona jetzt bestimmt nicht.

SPRECHER: Irrtum, Charly. Gott hilft Jona. Drei Tage und drei Nächte ist Jona im Bauch des Fisches. Doch dann spuckt der Walfisch Jona endlich an Land.

CHARLY: Das gibt es doch gar nicht! Ich hätte nie gedacht, dass Jona lebend aus dem Fisch rauskommt!

SPRECHER: Bei Gott ist doch alles möglich, Charly. Und wieder sagt Gott zu Jona: „Auf, Jona, geh, geh nach Ninive!"

CHARLY: Und dann? Geht Jona denn nun endlich nach Ninive?

SPRECHER: Ja. Diesmal gehorcht Jona sofort und geht nach Ninive. Er sagt den Menschen dort: „Weil ihr so viel Böses tut, wird Gott Ninive vernichten."

CHARLY: Und dann geht die Stadt unter und alle sind tot.

SPRECHER: Nein, die Menschen beten zu Gott. Es tut ihnen sehr Leid, dass sie so böse waren. Sie wollen sich bessern. Da hat Gott Mitleid mit den Menschen und will Ninive nicht zerstören.

CHARLY: Da kann sich Jona aber freuen, dass seine Rede so erfolgreich war!

SPRECHER: Im Gegenteil, Charly. Jona ist verärgert!

CHARLY: Wieso das denn?

SPRECHER: Jona denkt, die Menschen waren böse, nun sollen sie auch dafür bestraft werden. Gott hat es doch gesagt.

CHARLY: Wieso bestraft Gott die Menschen denn nicht?

SPRECHER: Gott tun die Menschen Leid, denn er liebt sie so sehr.

CHARLY: Aber das ist doch ein schönes Ende.

SPRECHER: Finde ich auch, Charly. Und schließlich hat Jona Gott auch nicht gehorcht. Er ist sogar vor Gott weggelaufen!

CHARLY: Und trotzdem hat Gott ihm geholfen, lebend aus dem Fisch herauszukommen.

SPRECHER: Stimmt genau, Charly! Gott hätte Jona schließlich auch bestrafen können, aber Gott hat Jona verschont.

CHARLY: Das war wieder eine richtig tolle Geschichte! Gott vergibt uns, wenn wir auf ihn hören und umkehren.

SPRECHER: Genau, Charly. Hast gut aufgepasst heute.

Bewegungsspiele

<u>Gott ist da</u>

Der Jona	*mit einem Finger Jona zeigen*
sitzt im großen	*zeigen, wie groß der Fisch war*
Fisch	*Hände hin- und herschlängeln*
und ruft:	*beide Hände an den Mund legen*
	„Hilfe, Hilfe, Angst hab ich!"
Gott	*nach oben zeigen*
ist da,	*auf den Boden zeigen*
Gott	*nach oben zeigen*
ist nah, hab keine Angst, Jona!	*Arme über der Brust verschränken*
Gott	*nach oben zeigen*
ist bei dir,	*auf den anderen zeigen*
Gott	*nach oben zeigen*
ist bei mir,	*auf uns zeigen*
immer hier.	*auf den Boden zeigen*

Jona läuft (Melodie: Bruder Jakob)

1. Jona läuft, Jona läuft	*mit einer Hand an dem Oberkörper des Kindes hoch krabbeln*
zu dem Schiff, zu dem Schiff,	*mit zwei Händen ein Boot zeigen*
dort kann er nicht bleiben,	*mit dem Kopf schütteln*
dort kann er nicht bleiben,	*mit dem Kopf schütteln*
kommt ein Fisch, kommt ein Fisch.	*Hände hin- und herschlängeln*
2. Und der Wal, und der Wal	*Hände hin- und herschlängeln*
schluckt den Mann, schluckt den Mann,	*Hände schließen*
nun sitzt er im Dunkeln,	*Hand um den anderen Zeigefinger schließen*
nun sitzt er im Dunkeln,	
betet laut, betet laut.	*Hände falten*
3. Und der Fisch, und der Fisch	*Hände hin- und herschlängeln*
spuckt ihn aus, spuckt ihn aus,	*Hände öffnen*
Jona hat's begriffen,	*mit der Hand an die Stirn schlagen*
Jona hat's begriffen,	*mit der Hand an die Stirn schlagen*
er geht los, er geht los.	*mit einer Hand an dem Oberkörper des Kindes hoch krabbeln*

Fingerspiel „Jona läuft weg"

Jona läuft weg,	*wir krabbeln mit beiden Händen am Oberkörper des Kindes hoch,*
Jona läuft weg, in ein Versteck,	*wir krabbeln den Rücken runter*
man schmeißt ihn	*wir heben die Arme in Schulterhöhe und machen eine Bewegung, als ob wir etwas über die Schulter werfen*
über Deck.	*mit der Hand eine Linie zeigen*

Mitmachgeschichte „Das Schaukelschiff"

Eltern und Kinder sitzen im Kreis. Um den Kreis legen wir blaue Wolldecken, blaue Planen oder blaues Kreppband. Ein Kind darf den Jona spielen. Diese Mitmachgeschichte sollten wir daher mehrmals spielen, damit möglichst viele Kinder den Jona spielen können.

Wir alle sind auf einem großen Schiff. *alle schunkeln*
Auch Jona ist auf dem Schiff und schläft im Laderaum. *Ein Kind legt sich in den Kreis*
Plötzlich kommt ein gewaltiger Sturm auf. *alle blasen kräftig*
Und das Schiff schaukelt und schaukelt. *alle schunkeln*
Alle haben große Angst. *„Hilfe!" rufen*
Jona sagt: „Schmeißt mich ins Wasser, dann hört der Sturm auf."
Zwei Männer nehmen Jona und werfen ihn „platsch" ins Wasser. *das Kind wird in eine Decke gelegt und von zwei Erwachsenen geschaukelt, dann werfen sie es „platsch" über Bord , indem sie es aus dem Kreis heraus auf die blaue Fläche legen.*

Lieder

In einem Fisch der Jona saß (Melodie: Auf einem Baum ein Kuckuck)

1. In einem Fisch der Jona -
sim salabim bamba saladu saladim,
in einem Fisch der Jona saß.

2. Und hatte riesengroße -
sim salabim bamba saladu saladim,
und hatte riesengroße Angst.

3. Da betete der Jona -
sim salabim bamba saladu saladim,
da betete der Jona sehr.

4. Und als drei Tag' vergangen -
sim salabim bamba saladu saladim,
und als drei Tag' vergangen war'n.

5. Da spuckt der Fisch den Jona -
sim salabim bamba saladu saladim,
da spuckt der Fisch den Jona aus.

6. Da freute sich der Jona -

sim salabim bamba saladu saladim,
da freute sich der Jona sehr.

7. Und ging sofort nach Ninive -
sim salabim bamba saladu saladim,
und ging sofort nach Ninive los.

Große Angst hat der Jona (Melodie: Die Tiroler sind lustig)
1. Große Angst hat der Jona,
und er ist gar nicht froh,
denn er sitzt in dem Walfisch
und fürchtet sich so.

2. Und der Jona, der bittet,
ja er fleht laut zu Gott.
Der soll ihm wirklich helfen
in der großen Not.

3. Und der Fisch spuckt aufs Ufer
unsern Jona, juchhe!
Der entschließt sich zu gehen
bis nach Ninive.

weitere Lieder
Gott ist stärker
Immer und überall

Bastelideen

Jona im Fisch
Aus einem Pfeifenputzer wird ein Fisch geformt. Aus einem weiteren Pfeifenputzer formen wir Jona, der eine betende Haltung einnimmt. Mit einem Band wird Jona nun in den Fisch gehangen. An den Fisch knoten wir nun ein weiteres Band, um ihn aufhängen zu können.

Walfisch aus Walnuss
Aus Pappe wird ein kleiner Fisch ausgeschnitten, der etwas größer

als eine Walnuss sein sollte. Nun wird der Bauch des Fisches von beiden Seiten mit je einer Walnusshälfte beklebt. Aus einem Pfeifenputzer formen wir nun Jona und hängen ihn mit einem Band an den Fisch, den wir zuvor gelocht haben. Nun lochen wir den Fisch ein zweites Mal und versehen ihn mit einem Band, um ihn aufhängen zu können.

Walnussschiff

In die Hälfte einer Walnussschale wird ein wenig Kerzenwachs gegeben. Nun lässt sich ein Streichholz als Mast hineinstecken. Als Segel dient ein rechteckiges Stück Papier.

Ninive

Die Stadt Ninive lässt sich aus Streichholzschachteln basteln, die von allen Seiten mit Tonkarton oder Buntpapier beklebt sind. Anschließend können Türen und Fenster aufgemalt oder aufgeklebt werden. Die Bewohner von Ninive lassen sich aus Pfeifenputzern basteln.

Der Schachtelfisch

Eine Streichholzschachtel wird von beiden Seiten mit einem Fisch beklebt, der zuvor aus Tonkarton ausgeschnitten wurde. Der Fisch sollte die gesamte Schachtel bedecken. In die Streichholzschachtel legen wir Jona, ausgeschnitten aus Tonpapier oder aus Pfeifenputzern geformt. Nun wird eine Perle auf einen Faden gefädelt, der Faden durch zwei Löcher in der Mitte der Schachtelvorderseite gezogen und die Enden verknotet. So erhält man einen Griff, und die Kinder können die Schachtel leichter öffnen.

Jona geht von Bord

Das Oberteil eines Eierkartons wird abgetrennt, verkehrt herum aufgelegt ist es ein Dampfer. Eine Toilettenpapierrolle, aus der etwas Watte rausguckt, wird zum Schornstein. Jona formen wir aus einem Pfeifenputzer und hängen ihn an ein langes Band. Nun bohren wir ein kleines Loch in die Dampferwand, um das Band befestigen zu können. Der Dampfer kommt auf eine blaue Decke. Jetzt können die Kinder einen Teil der Geschichte nachspielen und Jona immer wieder über Bord werfen.

Jona verschwindet im Fisch

Aus stabiler Pappe schneiden wir zwei Fische von ca. 60 cm Länge aus. Diese Fische können die Kinder mit Fingerfarbe bemalen, mit Buntpapier oder Papierkügelchen (z.B. Krepppapier) bekleben. Zwischen die beiden Fische legen wir nun ein langes Papprohr (z.B. von Geschenkpapier). In das vordere Ende des Rohres bohren wir von jeder Seite zwei Löcher. In selber Höhe bohren wir in jeden Fisch ebenfalls ein Loch, so dass wir Rohr und Fisch mit einem Band verbinden können. Genauso verfahren wir am unteren Ende des Fisches. Nun formen wir Jona aus einem Pfeifenputzer und hängen ihn an ein ca. 1 m langes Band und bohren dann in das hintere Ende des Rohres ein weiteres Loch um das Band befestigen zu können. Wenn wir nun am Band ziehen, verschwindet Jona im Walfisch. So lässt sich ein weiterer Teil der Geschichte sehr gut nachspielen. Das vergisst so leicht kein Kind! Selbstverständlich lässt sich der Fisch auch wesentlich kleiner basteln, dann z.B. eine Toilettenpapierrolle in die Mitte beider Fische kleben.

Luftballonfisch

Aus Tonkarton werden Flossen, Maul, Schwanz und Augen ausgeschnitten. Damit wird ein Luftballon beklebt. Das geht sehr gut mit Tesafilm. Auf das Maul wird Jona gemalt.

Spiele

Schaukeldecke

Wir legen die Kinder einzeln oder zu zweit in eine große Wolldecke oder in ein Bettlaken und schaukeln sie darin. Dazu sprechen wir folgenden Text:

Es schaukelt das Boot, es schaukelt das Boot.
Alle sind in Not, alle sind in Not.
Jona muss fort, Jona muss fort.
Wir werfen ihn über Bord, wir werfen ihn über Bord.

Topfschlagen „Wer findet Jona?"

Ein Topf wird mit einem Fisch beklebt, den wir zuvor aus Tonkarton ausgeschnitten haben. Unter diesem Topf verstecken wir Jona, den wir aus Pfeifenputzern geformt haben. Außerdem sollten wir eine Süßigkeit unter dem Topf verstecken. Einem Kind werden die Augen verbunden, nun kann die Suche beginnen.

Wer findet das Versteck?
Für dieses Spiel werden ganz viele Decken und Bettlaken benötigt, unter denen sich die Kinder verstecken dürfen. Die Decken und Laken werden so aufgespannt oder hingelegt, dass nicht zu erkennen ist, ob sich jemand darunter befindet. Zwei bis drei Kinder dürfen sich verstecken. Die restlichen Kinder gehen auf die Suche. Dann werden die Rollen getauscht.

Gebet

Guter Gott,
vor dir können wir uns nicht verstecken,
denn du wirst uns immer entdecken.
Und laufen wir noch so weit fort,
du siehst uns an jedem Ort.
Ist unsere Schuld auch noch so groß,
dein Erbarmen lässt uns nicht los.
Dafür danken wir dir sehr,
guter Gott und treuer Herr.

Segen

Gott, der Herr,
begleite dich auf all deinen Wegen
mit seinem Segen.
Sein Segen schütze dich, wo du auch bist,
weil Gott dich nie vergisst.
Sein Segen hülle dich ein,
wo du bist, wird auch Gott sein.

18. Zachäus

Bibeltext
Lukas 19,1-10. Zachäus begegnet Jesus

Mitmachgeschichte „Zachäus wohnt in Jericho"
Es könnte sinnvoll sein, die Zachäusgeschichte in zwei Gruppenstunden zu gestalten. In dem Fall ist es ratsam, die Geschichte in der zweiten Gruppenstunde nachzuspielen.

Zachäus wohnt in der Stadt Jericho. Er arbeitet dort am Zoll.	
Leute, die Sachen nach Jericho bringen, um sie dort zu verkaufen, müssen Zachäus Geld dafür bezahlen.	*andeuten, als wenn wir etwas tragen*
Zachäus verlangt zu viel Geld von ihnen.	*gemeinsam: „Zachäus, du bist böse!"*
Eines Tages kommt Jesus nach Jericho.	
Zachäus will Jesus sehen,	*Hand über die Augen legen, Ausschau halten*
aber Zachäus kann Jesus nicht sehen.	*Kopf schütteln*
Zachäus ist sehr klein.	*ducken*
Plötzlich hat er eine Idee:	
Schnell läuft er zu einem Baum.	*Kinder laufen in die Arme der Mütter*
Zachäus klettert auf den Baum.	*Kinder werden von den Müttern auf dem Arm gehalten*
Jetzt kann er endlich Jesus sehen.	*Ausschau halten, nicken*
Jesus geht vorbei und sieht Zachäus auf dem Baum sitzen. Jesus ruft:	
„Zachäus, komm, ich möchte zu dir, denn ich möchte dich besuchen!"	*gemeinsam: „Zachäus, komm schnell herunter!"*
Schnell klettert Zachäus vom Baum.	*Mütter lassen Kinder wieder herunter*
Zachäus freut sich sehr.	*gemeinsam hüpfen und rufen: „Hurra!"*

Die anderen Leute sind sehr ärgerlich *mit den Füßen stampfen*
und rufen: Zachäus ist ein böser Mann!
Jesus darf nicht zu ihm gehen! *alle rufen „nein!"*
Zachäus aber tat alles sehr, sehr Leid: *Hände falten*
Herr, die Hälfte meines Geldes gebe ich *tun, als wenn wir jemandem etwas schenken*
den Armen, und wem ich zuviel abgenommen habe,
der bekommt es vierfach zurück.
Jesus und Zachäus umarmen sich. *Mütter und Kinder umarmen sich*
Jesus sagt zu Zachäus: Ich freue mich, und Gott freut sich auch.

Fingerspiele

<u>Zachäus ist soo klein</u>

Zachäus ist soo klein. *mit Daumen und Zeigefinger zeigen, wie klein Zachäus ist*
Zachäus möchte so gerne größer sein.
mit Daumen und Zeigefinger zeigen, wie groß Zachäus sein möchte
Denn er möchte Jesus *nach oben zeigen*
sehen, *eine Hand über die Augen legen*
doch wie soll das geschehen? *mit den Achseln zucken*
Seht, ein großer Baum, *einen Arm etwas heben und die Hand drehen*
von dem kann man gut runterschaun.
eine Hand über die Augen legen
Schnell klettert Zachäus hoch, *mit zwei Fingern vom Oberarm des Kindes bis zur Hand hochklettern*
jetzt sieht er *eine Hand über die Augen legen*
Jesus doch. *nach oben zeigen*
Zachäus freut sich sehr, *in die Hände klatschen*
Jesus ruft: *nach oben zeigen*
„Zachäus, komm her!" *jemanden herbeiwinken*
Jesus liebt ihn so, das macht Zachäus froh.
in die Hände klatschen
Jesus *nach oben zeigen*

liebt	*auf das Herz zeigen*
auch dich und dich und dich	*auf die anderen zeigen*
und mich.	*auf uns zeigen*

<u>Zachäus steigt den Baum herauf</u>

Zachäus steigt den Baum herauf,	*mit beiden Händen von den Beinen bis zum Kopf des Kindes grabbeln*
Baum herauf, Baum herauf,	
setzt sich auf einen Ast dann drauf	
	flache Hand auf den Kopf des Kindes legen
und schaut nach Jesus aus.	*die andere Hand über die Augen legen und Ausschau halten*
Zachäus, komm zu mir, denn ich will heut zu dir.	
	mit einer Hand herbeiwinken
Zachäus steigt vom Baum herab,	*mit beiden Händen vom Kopf bis zu den Beinen des Kindes grabblen*
Baum herab, Baum herab.	
Tab, tab, tab.	

Lieder

<u>Ach, Zachäus (Melodie: Bruder Jakob)</u>

1. Ach, Zachäus, ach, Zachäus,
bist allein, bist allein,
hättest gerne Freunde, hättest gerne Freunde,
keiner will, keiner will.

2. Ach, Zachäus, ach, Zachäus,
wärst gern groß, wärst gern groß,
Jesus willst du sehen, Jesus willst du sehen.
Aber wie? Aber wie?

3. Ach, Zachäus, ach, Zachäus,
super Tipp, super Tipp,
siehst du nicht den Baum da, siehst du nicht den Baum da,
klett're hoch, klett're hoch.

4. Du, Zachäus, du, Zachäus,
komm herab, komm herab,
Jesus will gern zu dir, Jesus will gern zu dir,
ist dein Freund, ist dein Freund.

5. Du, Zachäus, du, Zachäus,
änderst dich, änderst dich,
gern gibst du den Armen, gern gibst du den Armen,
Jesus hilft, Jesus hilft.

weitere Lieder
Gottes Liebe ist so wunderbar
Wenn ich bedenke, was der Herr getan
Zachäus war ein kleiner Mann
Ich singe und bin fröhlich
Ich staune
Wie die Sonne so hell

Bastelideen

Baum aus Tonkarton
Aus Tonkarton wird ein Baum ausgeschnitten, der an die Geschichte erinnern soll. Nun können die Kinder den Baum bemalen oder mit kleinen Papierkügelchen bekleben. Zum Schluss wird Zachäus in den Baum gemalt oder geklebt.

Riesenbaum auf Tapete
Auf ausgerollte Tapete wird mit Fingerfarbe ein großer Baum gemalt. Selbst sehr kleine Kinder können schon mithelfen und haben großen Spaß dabei. Nun schneiden wir aus Tonkarton Zachäus aus. Sobald die Fingerfarbe getrocknet ist (evtl. kann man mit einem Fön nachhelfen), befestigen wir den Baum an der Wand. Nun lässt sich mit Hilfe des ausgeschnittenen Zachäus die Geschichte nachspielen.

Zachäus als Stabpuppe
Anstatt Zachäus auszuschneiden, lässt sich auch auf eine Stabpuppe zurückgreifen. Die kann man leicht selbst anfertigen. Dazu wird ein

Kochlöffel oder ein Stab und eine Kugel benötigt, als Gewand dient ein Stück Stoff, das mit Wolle um den Stab gebunden wird. Etwas Filz oder Wolle ergeben die Haare. Das Gesicht wird aufgemalt.

Zachäus im Baum
Aus Pfeifenputzern formen wir einen Baum und ein kleines Männchen. Nun hängen wir das Männchen in den Baum. So haben die Kinder eine bleibende Erinnerung an die biblische Geschichte.

Zachäus klettert
Aus Tonkarton oder Pappe wird ein ca. 40 cm hoher Baum ausgeschnitten. Aus einem Pfeifenputzer wird Zachäus geformt, den wir an ein langes Band hängen. In den oberen Teil des Baumes stechen wir mit Hilfe einer Nadel ein kleines Loch. Durch dieses Loch ziehen wir nun das Band, an dem Zachäus hängt. Am anderen Ende des Bandes wird eine Holzperle befestigt. So kann Zachäus immer wieder den Baum hoch- und herunterklettern. Auf diese Weise lässt sich die Geschichte sehr gut nachspielen.

Spiele

Bunte Luftballons
Bunte Luftballons hängen unter der Decke oder an der Wand. Nun werden die Kinder hochgehoben, damit sie die Ballons berühren können. Diesen Vorgang wiederholen wir mehrmals. Zum Schluss werden die Ballons von der Decke bzw. Wand genommen, und jedes Kind darf einen Ballon mit nach Hause nehmen.

Rutsche
Steht der Gruppe eine Rutsche zur Verfügung und lässt das Alter der Kinder dies zu, so kann die Rutsche sehr gut dazu benutzt werden, einen Teil der Geschichte nachzuspielen. Die Kinder klettern wie Zachäus hoch. Einen Moment sollen die Kinder oben stehen bleiben und Ausschau halten. Dann ruft die Mutter ihr Kind runter. Das Kind rutscht nun in die Arme der Mutter. Die Mutter flüstert dem Kind etwas Nettes ins Ohr.

Sprossenwand
Steht der Gruppe ein Turnraum zur Verfügung und lässt das Alter der Kinder dies zu, können die Kinder an einer Sprossenwand hochklettern und so den Zachäus nachspielen. Vielleicht befestigen wir am Ende der Sprossenwand einen Luftballon oder ein Bonbon für das Kind. Sicherlich bietet ein Turnraum noch viele andere Möglichkeiten, um die Geschichte nachzuspielen.

Gebet

Guter Gott,
von Herzen wollen wir dir danken,
denn du liebst uns ohne Schranken.
Egal, ob groß, ob klein, ob arm, ob reich,
du liebst alle Menschen gleich.
Du vergibst uns unsere Schuld,
hast mit uns ganz viel Geduld.
Guter Gott, wir danken dir
von ganzem Herzen nun dafür.

Segen

Gott, der Herr, möge dir für dein Leben
seinen Segen geben.
Ob du groß bist oder klein,
er wird mit seinem Segen bei dir sein.
Auf deinem Leben liegt sein Ja -
Gott ist immer für dich da.
Gott gebe dir Segen, Schutz und Geleit
und behüte dich jederzeit.

19. Bartimäus

Bibeltext

Markus 10,46-52. Neu sehen lernen

Rollenspiel

Personen: Sprecher, Klappmaulpuppe Charly

CHARLY: Hallo Kinder! Jetzt gibt es wieder eine tolle Geschichte. Ich bin so gespannt! Ihr auch? Was erzählst du uns denn heute?

SPRECHER: Heute erzähle ich von einem Mann, der Bartimäus hieß. Bartimäus war blind.

CHARLY: Was ist das denn, blind? *(Sprecher bindet Charly ein Tuch um die Augen.)*

CHARLY: Ey, was soll das denn?

SPRECHER: Abwarten, Charly. - So, fertig!

CHARLY: Mach sofort das Tuch wieder ab! Ey, was soll das? Ich sehe ja gar nichts!

SPRECHER: Ich wollte dir aber doch was zeigen, Charly. *(Sprecher holt irgendeinen Gegenstand hervor, um diesen Charly zu zeigen.)* So, Charly, jetzt guck doch mal, was ich hier Tolles habe. Sieht das nicht toll aus?

CHARLY: Was soll das?! Ich kann doch gar nichts sehen! Mach mir jetzt sofort das blöde Tuch ab! Kannste mir mal sagen, wieso du mir das Tuch überhaupt umgebunden hast?

SPRECHER: Du wolltest doch wissen, was blind ist, Charly.

CHARLY: Hat man da so ein Tuch um?

SPRECHER: Nein, aber man sieht nichts, wenn man blind ist.

CHARLY: Nie mehr?

SPRECHER: Nie mehr, Charly.

CHARLY: Das ist aber schlimm! Dann ist ja immer alles ganz dunkel!

SPRECHER: Genau, Charly. Bei Bartimäus war auch alles ganz dunkel. Bartimäus war blind. Er saß am Weg und bettelte. Da kam Jesus vorbei. Und Bartimäus rief ganz laut: „Jesus, hilf mir!" Als das die anderen Menschen hörten, sagten sie: „Halt den Mund! Hör sofort auf zu schreien!" Doch Bartimäus rief noch viel lauter: „Jesus, bitte hilf mir!"

CHARLY: Wobei sollte Jesus ihm denn helfen?

SPRECHER: Jesus sollte ihn wieder gesund machen.

CHARLY: War Bartimäus denn krank?

SPRECHER: Charly, Bartimäus war doch blind. Jesus sollte ihn wieder sehend machen.

CHARLY: Aber das geht doch gar nicht. Wusste Bartimäus das denn nicht? Wenn man blind ist, dann kann man doch nie mehr sehen. Das hast du gerade selbst gesagt. Stimmt doch?

SPRECHER: Stimmt, das hab ich gesagt. Aber Bartimäus wusste, dass bei Jesus alles möglich ist. Deshalb hat er ihn gerufen.

CHARLY: Na, ich weiß nicht. Versuchen kann er es ja mal. Hoffentlich hat er sich nicht allzu viel davon versprochen.

SPRECHER: Doch! Bartimäus war sich ganz sicher, dass Jesus ihm helfen könnte.

CHARLY: Versteh ich nicht! Wie konnte er sich da so sicher sein?

SPRECHER: Bartimäus hatte Vertrauen zu Jesus. Er wusste, dass bei Jesus nichts unmöglich ist.

CHARLY: Na, wenn das mal gut geht.

SPRECHER: Charly, jetzt hör doch erst einmal zu! Also: Jesus hört, wie Bartimäus ihn um Hilfe bittet, und bleibt stehen. Dann bittet er Bartimäus zu sich. Bartimäus lässt vor lauter Freude und Aufregung sogar seinen Mantel fallen und läuft zu Jesus, so schnell er kann.

CHARLY: Und dann die große Enttäuschung! Armer Bartimäus!

SPRECHER: Charly, unterbrich mich bitte nicht immer! Bartimäus läuft also zu Jesus, und Jesus fragt Bartimäus, was er von ihm will. Bartimäus sagt: „Herr, ich möchte sehen können. Ich möchte nicht länger blind sein."

CHARLY: So, jetzt kommt aber die große Enttäuschung! Ich nehme trotzdem mein Tuch ab! *(Er zieht das Tuch von den Augen.)*

SPRECHER: Also: Jesus hörte seine Bitte und antwortete ihm: „Geh hin! Dein Glaube hat dich geheilt." Und sofort konnte Bartimäus sehen, und er ging mit Jesus.

CHARLY: Wie? Das glaub ich nicht! Wie soll das denn gehen? Ein Blinder kann plötzlich sehen. Nein, das kann ich nicht glauben! Unmöglich ist das! Unmöglich!

SPRECHER: Aber, Charly. Bei Jesus ist doch nichts unmöglich. Hast du das etwa schon wieder vergessen?

CHARLY: Aber so ein großes Wunder?!

SPRECHER: Auch so ein großes Wunder ist bei Jesus möglich. Für ihn ist nichts zu groß oder zu schwer. Du musst nur daran glauben und ihm vertrauen.

CHARLY: So wie Bartimäus?

SPRECHER: Richtig, Charly. So wie Bartimäus. Glauben und vertrauen.

CHARLY: Und dann kann Jesus so große Wunder tun?

SPRECHER: Richtig, Charly. Wenn du ihm glaubst und vertraust, dann hilft er dir. Du kannst immer zu ihm kommen, indem du zu ihm betest und ihn um Hilfe bittest.

CHARLY: Ist ja ne tolle Geschichte. Ich werd mich jetzt auch mal an Jesus wenden und zu ihm beten. Das bringt ja wohl wirklich sehr viel. Tolle Geschichte! Ein Blinder kann plötzlich sehen. Bin echt gespannt, was du uns nächstes Mal für eine Geschichte erzählst!

Mitmachgeschichte

Jesus wandert mit den Jüngern durch das Land.	*im Kreis gehen*
Viele Leute stehen am Weg.	Arme in die Hüften
Dort unten auf der Erde sitzt Bartimäus.	*alle setzen sich auf den Fußboden*
Bartimäus kann nicht sehen, er ist blind.	*Augen zuhalten*
Bartimäus bettelt.	*Hände aufhalten*
Als Jesus vorbeikommt,	*aufstehen und rufen:*
schreit er ganz laut:	*„Jesus, bitte hilf mir!"*
Jesus, bitte hilf mir!	
Aber die Leute schimpfen	*mit dem Finger drohen*
mit Bartimäus und sagen:	
Hör endlich auf zu schreien -	
sei endlich still!	
Doch Bartimäus schreit jetzt	*alle rufen laut:*
noch viel lauter:	*„Jesus, bitte hilf mir!"*
Jesus, bitte hilf mir!	*„Hilfe, Hilfe!"*
Da bleibt Jesus stehen und spricht:	
Ruft Bartimäus zu mir!	
Die Leute sagen zu Bartimäus:	*mit einer Hand hochwinken*
Steh auf, Jesus ruft dich!	

Bartimäus läuft so schnell er kann zu Jesus.	*die Kinder laufen mit geschlossenen Augen an der Hand der Mutter*
Jesus fragt Bartimäus: Was willst du von mir?	
Bartimäus sagt: Ich will sehen können, Herr.	*Hände falten, Augen schließen*
Da sagt Jesus: Weil du mir vertraust, wirst du sehen können.	
Und auf einmal kann Bartimäus sehen.	*Augen öffnen*
Er ist nicht mehr blind.	
Jesus hat ihn gesund gemacht.	
Bartimäus freut sich so sehr,	*in die Hände klatschen*
dass er wieder sehen kann.	*„Hurra!" rufen, hüpfen*
Vor lauter Freude und Dankbarkeit	*alle gehen im Kreis, klatschen in die Hände*
geht Bartimäus mit Jesus.	

Gedicht „Der Lobgesang des Bartimäus"

Ich war blind und jetzt seh ich wieder,
ich freue mich so sehr darüber.
Die Welt ist wunderschön,
endlich kann ich alles sehen.
Jesus, du machst alles neu -
ach, wie ich mich freu.
Etwas Großes ist geschehen,
endlich kann ich sehen.
Vor lauter Freude will ich singen,
hüpfen, tanzen und auch springen.
Jesus, du hast ein Wunder an mir getan,
und du nahmst mich mit Freuden an.
Ich danke dir, lieber Herr Jesus,
sehr dafür.

Lieder

Bartimäus (Melodie: Bruder Jakob)

Bartimäus, Bartimäus,
du bist arm, du bist arm,

denn du kannst nicht sehen, denn du kannst nicht sehen,
das ist schlimm, das ist schlimm.

Bartimäus, Bartimäus,
blind bist du, blind bist du,
möchtest gerne sehen, möchtest gerne sehen,
aber wie, aber wie.

Bartimäus, Bartimäus,
Jesus kommt, Jesus kommt.
Wird er dir wohl helfen? Wird er dir wohl helfen?
Das wär toll! Das wär toll!

Bartimäus, Bartimäus,
hast vertraut, hast vertraut,
bittest ihn um Hilfe, bittest ihn um Hilfe,
Jesus heilt, Jesus heilt.

Bartimäus, Bartimäus,
wunderbar, wunderbar,
endlich kannst du sehen, endlich kannst du sehen,
Gott sei Dank, Gott sei Dank.

weitere Lieder
Der Blinde saß am Wege dort
Freude über Freude
Danke, Jesus, für dein Leben
Wie die Sonne so hell
Mein Gott ist groß
Ich staune
Danke! Ich freu mich
Wenn ich bedenke, was der Herr getan

Bastelideen

Tastbuch
Aus Moosgummi werden 10 x 10 cm große Quadrate geschnitten,

die mit unterschiedlichen Materialien beklebt werden: z. B. Teppichboden, Leder, Wolle, Pappe, Kork, Wellpappe, Krepppapier, Buntpapier, Strukturtapete, Stoff, Alufolie, Schleifpapier, Tortenspitze usw. Zum Kleben eignet sich am besten Doppelklebeband. Nun lochen wir das Moosgummi mit Hilfe einer Lochzange. Mit Paketschnur werden die Seiten zusammengehalten. An die Paketschnur können wir außerdem kleine Glöckchen, bunte Holzperlen und Knöpfe hängen.

Tastsäckchen
Kleine Stoffsäckchen (Größe ca. 10 x 13 cm) oder Waschhandschuhe werden mit unterschiedlichen Materialien gefüllt: z. B. mit Muscheln, Erbsen, Nüssen, Styropor, Reis, kleinen Steinen, Kronkorken usw. Dann werden die Säckchen zugebunden.

Taststraße
Ein Holzbrett (Größe ca. 40 x 200 cm) wird mit unterschiedlichen Materialien beklebt: z. B. mit Teppichboden, Kork, Strukturtapete, Stoff, Schleifpapier usw. Nun können die Kinder die Taststraße mit nackten Füßen betreten.

Fernrohr
Zwei leere Toilettenpapierrollen werden so mit Doppelklebeband zusammengeklebt, dass ein Fernrohr entsteht. Nun wird jede Rolle am oberen äußeren Rand gelocht, so dass man ein Band durchziehen kann. Das Fernrohr kann vor oder nach dem Zusammenkleben mit Wachsmalstiften oder mit Fingerfarbe bemalt werden. Soll das Fernrohr nicht bemalt werden, so können die Kinder es mit Papierschnipseln aus Krepp- oder Buntpapier bekleben.

Tastwürfel
Als Würfel dient ein quadratischer Karton oder ein Styroporwürfel. Alle sechs Seiten dieses Würfels werden mit unterschiedlichen Materialien (s.o.) beklebt.

Tastmemory
Aus reliefbildenden Materialien wird mit Hilfe von festem Pappkarton ein Memoryspiel angefertigt. Die Spielkarten sollten eine Größe von 10 x 10 cm haben. Für das Spiel werden jeweils zwei gleiche Tast-

karten benötigt. Die Karten werden auf dem Tisch verteilt. Den Mitspielern werden die Augen verbunden. Wer die meisten Paare ertastet hat, ist Sieger.

Spiele

Topfschlagen
Im Raum wird ein Topf versteckt, unter den wir ein kleines Geschenk legen. Das Kind muss nun mit verbundenen Augen und einem Kochlöffel in der Hand den Topf suchen.

Tastkarton
In einen Schuhkarton schneiden wir auf eine Seite eine kleine Öffnung, so dass die Kinderhände gut hindurchpassen. Nun legen wir nacheinander die unterschiedlichsten Gegenstände in den Karton, z. B. einen Apfel, eine Banane, einen Löffel, eine Tasse, einen Ball usw. Die Kinder sollen die Gegenstände ertasten und raten, um was es sich handelt.

Personen raten
Einem Kind werden die Augen verbunden. Nun wird es mehrmals gedreht, damit es die Orientierung verliert. Die anderen Kinder sitzen im Kreis. Nun geht das Kind mit den verbundenen Augen auf ein anderes Kind zu und muss durch Ertasten erraten, um welches Kind es sich dabei handelt.

Gegenstände erraten
Einem Kind werden die Augen verbunden. Nun muss das Kind durch Ertasten verschiedene vertraute Gegenstände erraten.

Geräusche raten
Mehrere Dosen werden mit verschiedenen Dingen gefüllt: z.B. mit Reis, Erbsen, kleinen Steinen, Sand, Bohnen, Murmeln usw. Jeweils zwei dieser Dosen haben den gleichen Inhalt. Nun müssen die Kinder herausfinden, welche Dosen zusammengehören.

Gebet

Guter Gott,
für dich ist nichts zu groß,
wenn wir dir vertrauen bloß.
Dann werden große Wunder geschehen,
dann können Blinde sogar sehen.
Solche Wunder kannst nur du vollbringen,
vor lauter Freude werden wir hüpfen, tanzen, singen.
Hab Dank, guter Gott, du bist so groß,
du lässt uns niemals los.

Segen

Es segne euch der Gott, der Wunder vollbringt.
Er segne euer Leben, dass es gelingt.
Er segne euren Blick
und gebe euch das rechte Verstehen,
die Menschen mit seinen Augen zu sehen.
Er segne euer Vertrauen,
auf seine Wunder zu schauen.

20. Licht der Welt (Advent)

Bibeltext
Johannes 8,12

Lichterspiel „Entzünde dich an seinem Licht"
Das Lichterspiel ist etwas für die Erwachsenen. Es soll dazu beitragen, auf die Adventszeit einzustimmen. Mutter und Kinder stellen sich im Kreis auf. Der Raum kann abgedunkelt sein. Für jedes Paar benötigen wir eine Kerze, die mit nach Hause genommen wird. Eine weitere Kerze stellt Jesu Licht dar. Falls das Adventsgesteck gebastelt wird, kann die Kerze aus dem Lichterspiel im Gesteck ihren Platz finden.

SPRECHER: Advent heißt Ankunft.
ALLE: Ankunft? Von wem?
SPRECHER: Ankunft von Jesus, Gottes Sohn.
ALLE: Wo will Jesus denn hin? Und was macht er hier?
SPRECHER: Er will zu dir. Und er will zu mir.
ALLE: Wann kommt er denn? Sag mir die Zeit!
SPRECHER: Am Weihnachtstag ist es so weit.
ALLE: Ausgerechnet an Weihnachten! Muss das denn sein?
SPRECHER: Er will dein Leben mit seinem Licht erfreuen. Jesus ist das Licht der Welt. Jesus macht unser Leben froh und hell.
ALLE: Unser Leben? Aber wieso?
SPRECHER: Jesus liebt uns so. Mit seinem Licht macht er uns froh. *(Jesu Licht anzünden.)* Entzünde dich an seinem Licht, alleine leuchten kannst du nicht. *(Alle entzünden nun ihre Kerze an Jesu Licht. Dabei kann jeder sagen: „Ich entzünde mich an deinem Licht, denn alleine leuchten kann ich nicht.")*

Rollenspiel „Advent"
Personen: Handpuppe Rosa, Handpuppe Rudi

Rosa hält eine Kerze in der Hand.
RUDI: Hallo Rosa! Sag mal, war bei euch Stromausfall?

ROSA: Wieso?

RUDI: Na, weil du mit einer Kerze herumläufst.

ROSA: Typisch Rudi! Du hast Ideen. Stromausfall!? Also wirklich!

RUDI: Hätte doch sein können. Wieso läufst du denn mit einer Kerze durch die Gegend, Rosa? Nun sag doch schon endlich!

ROSA: Kannst du dir das wirklich nicht denken, Rudi?

RUDI: Nö - keine Ahnung.

ROSA: Was haben wir denn momentan für eine Zeit?

RUDI: Es ist gleich 12 Uhr.

ROSA: Du musst schon richtig zuhören, Rudi. Von Uhrzeit habe ich nicht gesprochen. Adventszeit, darum geht es.

RUDI: Ach so, schon kapiert. Advent, Advent, ein Lichtlein brennt. Meinst du das, Rosa?

ROSA: Du bist schon nah dran, Rudi.

RUDI: Siehst du, ich bin gar nicht so dumm, wie du immer denkst.

ROSA: Verstehst du das denn auch, Rudi?

RUDI: Was gibt es denn da zu verstehen, Rosa?

ROSA: Na, dann erklär mal: Was bedeutet denn Adventszeit?

RUDI: Viele leckere Weihnachtsplätzchen zum Beispiel.

ROSA: Und Bauchschmerzen nicht zu vergessen, was Rudi?

RUDI: Wenn es doch so gut schmeckt.

ROSA: Und was fällt dir außer Plätzchen und Bauchschmerzen sonst noch so zur Adventszeit ein, Rudi?

RUDI: Hm. Warte, ich habe es gleich. Adventskranz, Adventskalender, Nikolaus, Sterne, Kerzen, Engel, Tannenbaum, Karussell fahren auf dem Weihnachtsmarkt. Reicht das?

ROSA: Ne, Rudi. Das reicht nicht. Das Wichtigste fehlt!

RUDI: Bin ich blöd! Das Wichtigste sind natürlich die Geschenke! Deshalb feiern wir doch überhaupt Weihnachten.

ROSA: So, so! Zugegeben, Geschenke kriegen ist zwar eine tolle Sache, Rudi. Aber deshalb feiern wir nicht Weihnachten.

RUDI: Ich schon. Ich kann mir keinen besseren Grund vorstellen.

ROSA: Es gibt aber einen besseren Grund, Rudi.

RUDI: Einen besseren Grund als Geschenke? Glaube ich nicht.

ROSA: Zu Weihnachten ist Jesus geboren.

RUDI: Na und. Was hab' ich damit zu tun?

ROSA: Sehr viel. Jesus ist nämlich für uns Menschen auf diese Welt gekommen. Er liebt uns und will uns froh machen.

RUDI: Auch mich?

ROSA: Auch dich, Rudi.

RUDI: Jesus liebt mich. Das ist ja toll, Rosa. Jetzt freue ich mich noch viel mehr auf Weihnachten.

Lieder

Tragt in die Welt nun ein Licht
Im Advent, im Advent
Ich hab seinen Stern gesehn
Ein Licht geht uns auf
Macht die Türen auf

Bastelideen

Adventsgesteck

In einen flachen Tontopf geben wir Salzteig oder Knete. In diese Masse wird eine Kerze gesteckt. Nun können die Kinder mit Tannengrün, Zweigen, Trockenblumen usw. ein Adventsgesteck anfertigen.

Adventsglocke

Die Kinder bemalen mit Fingerfarbe einen Tontopf. Wenn die Farbe trocken ist, wird der Topf lackiert. Anschließend wird eine Kugel oder eine Perle so in den Topf gebunden, dass sie zur Hälfte aus dem Topf herausschaut. Durch ein eingeknotetes Streichholz hält das Band.

Die individuelle Kerze

Aus dünnen Platten Verzierwachs stechen die Kinder mit kleinen Ausstechförmchen verschiedene Motive aus. Selbst sehr kleine Kinder können schon mithelfen. Die dicken Kerzen werden mit den ausgestochenen Motiven verziert.

Lichtgläser

Für diese Lichtgläser eignen sich am besten Marmeladengläser, die auf verschiedene Art verziert werden können, z.B. mit Transparentpapier (Schnipsel oder Weihnachtsmotive) oder mit Fingerfarbe. Bei den meisten Lichtgläsern können bereits sehr kleine Kinder mithelfen.

Goldfolie
Aus Goldfolie schneiden die Kinder kleine Sterne oder andere weihnachtliche Motive aus, die mit einem Klebestift auf die Gläser geklebt werden. Ist die Verzierung der Gläser abgeschlossen, kommt in das Glas ein Teelicht.

Die Kerze in der Wäscheklammer
Aus einer Bastelwäscheklammer lässt sich ein hübscher Kerzenständer herstellen. Aus Tonkarton schneiden wir ein weihnachtliches Motiv (z.B. einen Tannenbaum) aus. Dieses Motiv wird mit dem Vers aus dem Lichterspiel beschriftet: „Ich entzünde mich an deinem Licht, alleine leuchten kann ich nicht". Mit einer Heißklebepistole wird das Motiv auf die Klammer geklebt, anschließend wird in die Klammer eine Kerze geklemmt.

Gebet

Guter Gott,
hab vielen Dank für den Advent.
Hilf, dass auch in unseren Herzen dein Licht nun brennt.
Zu Weihnachten willst du uns eine große Freude machen,
unsre Herzen sollen vor lauter Freude springen und lachen.
Hilf, dass wir jetzt beginnen,
uns ganz auf dich zu besinnen.

Segen

Gott, der Herr,
der dir das Licht der Welt gegeben,
erleuchte dich mit seinem Segen.
Gott, der Herr,
der das Größte für dich gab,
kam in Jesus selbst zu dir herab.
Segnend will er dich begleiten –
er, dein Licht für alle Zeiten.

21. Das Weihnachtsgeschenk

Bibeltext

Lukas 2,1-20; Matthäus 2,1-12. Jesus kommt in diese Welt

Rollenspiel „Sprechmotette für 18 Personen"

Personen: Sprecher, Engel, Maria, Josef, Hirte 1, Hirte 2, Hirte 3, Wirt 1, Wirt 2, Wirtin 1, Wirtin 2, Engel 1, Engel 2, Engel 3, Engel 4, König 1, König 2, König 3

SPRECHER: Maria und Josef lebten in der kleinen Stadt Nazareth. Eines Tages erschien ein Engel in Marias Tür.

ENGEL 1: Liebe Maria, diese frohe Botschaft verkündige ich dir: Du bringst bald Gottes Sohn zur Welt, der unser aller Leben erhellt.

MARIA: Aber Engel, wie könnte ich schwanger sein, ich hab keinen Mann, ich lebe allein.

ENGEL 1: Du wirst schwanger werden, ganz ohne Mann, ich weiß, dass Gott das kann. Für Gott ist nichts unmöglich, nein - er hat es gesagt, so wird es auch sein.

MARIA: Es soll so geschehen, wie Gott es will, dass sich auch sein Wort erfüll.

SPRECHER: Unter ihrem Herzen trug Maria dann sehr bald ein Kind, doch plötzlich musste Josef nach Bethlehem ganz geschwind. Dort sollte eine große Volkszählung sein, und Josef musste sich schreiben ein.

JOSEF: Maria, bitte bleib du hier. Es ist besser für dich, ich rate es dir.

MARIA: Ach, Josef, hör doch meine Bitt, ich möcht so gerne mit dir mit.

JOSEF: Der Weg ist weit und schwer und lang.

MARIA: Ach, Josef, davor ist mir gar nicht bang.

JOSEF: Gut, Maria, so gehn wir zu zweit.

MARIA: Josef, ich weiß, Gott schenkt uns Geleit.

SPRECHER: Um schneller nach Bethlehem zu kommen, haben sich die beiden einen Esel genommen. In Bethlehem dann war für die zwei nirgendwo ein Zimmer frei. Sie klopften hier und klopften dort, doch jeder schickte sie nur fort.

MARIA: Komm, Josef, wir klopfen nochmal hier an dieser großen Tür. *(Maria und Josef klopfen.)*

WIRT 1: He, was ist da draußen nur los?

JOSEF: Zwei arme Leute sind es bloß.

WIRT 1: Ja und was klopft ihr hier mitten in der Nacht an meiner Tür?

JOSEF: Wir suchen ein Zimmer.

WIRT 1: Bei mir findet ihr's nie und nimmer.

MARIA: Oh Josef, ich kann es glauben kaum. Nirgends gibt es für uns einen Raum. Was sollen wir nur tun, ich möchte endlich ruhn.

JOSEF: Maria, Liebste, bitte sei unverzagt, Gott wird uns helfen, er hat es gesagt. Komm, wir klopfen noch einmal hier, an dieser Tür. *(Maria und Josef klopfen.)*

WIRTIN 1: He, was wollt denn ihr mitten in der Nacht vor meiner Tür?

MARIA: Wir suchen ein Zimmer oder einen kleinen Raum - wir hoffen, sie können uns helfen.

WIRTIN 1: Das glaube ich kaum. Und nun haut ab, geschwind, dass ich endlich meine Ruhe wiederfind.

MARIA: Wir sind schon fort und versuchen es an einem andern Ort. *(Maria und Josef gehen weiter.)*

MARIA: Ich fühl mich gar müde sehr und jeder Schritt fällt mir so schwer.

JOSEF: Maria, du weißt doch, wir sind nicht allein, Gott hat versprochen, stets bei uns zu sein. Wir dürfen wissen, dass Gott uns führt und leitet, sicher hat er uns schon einen Raum bereitet.

MARIA: Oh Josef, ich kann wirklich nicht mehr, wo nehmen wir jetzt bloß ein Zimmer her?

JOSEF: Maria, denk doch bitte an dein Kind, wir finden ein Zimmer ganz bestimmt. Ich versuch es noch einmal in diesem Haus - vielleicht wirft man uns ja nicht hinaus. *(Josef klopft.)*

WIRT 2: Was ist denn da draußen für ein Krach?

JOSEF: Wir suchen ein Zimmer unter ihrem Dach.

WIRT 2: Was fällt euch ein? Mein Haus ist keine Herberge - nein!

JOSEF: Guter Mann, meine Frau erwartet ein Kind.

WIRT 2: Jetzt haut schon ab, geschwind! *(Maria und Josef gehen weiter.)*

MARIA: Ich fühle mich gar müde sehr, jeder Schritt fällt mir so schwer.

JOSEF: Wenn sich doch bald ein Raum fänd, dann hätt die Suche auch ein End.

MARIA: So klopf doch noch mal hier an dieser Tür. (Josef klopft.)

WIRTIN 2: Wer klopft hier mitten in der Nacht? Ich bin aus meinem Schlaf erwacht!

JOSEF: Gute Frau, bitte seien Sie so nett und geben uns für die Nacht ein Bett.

WIRTIN 2: Wieso sollte ich das tun? Jetzt lasst mich in Frieden, ich will ruhn.

MARIA: Das können wir ja gut verstehen, aber wohin sollen wir nur gehen?

JOSEF: Meine Frau erwartet ein Kind und braucht ein Bett geschwind.

WIRTIN 2: Da will ich nichts von hören, wie könnt ihr nur meine Ruhe stören?!

MARIA: Komm, Josef, es hat keinen Zweck - wir gehen lieber von hier weg. *(Maria und Josef gehen weiter.)*

MARIA: Oh, Josef, ich bin am Ende mit meiner Kraft!

JOSEF: Maria, wir haben es bald geschafft.

MARIA: Oh, Josef, das glaube ich kaum. Niemand hat für uns einen Raum.

JOSEF: Maria, Liebste, sei unverzagt - Gott wird uns helfen, er hat es gesagt.

MARIA: Oh, Josef, ich danke dir, denn du bist wirklich gut zu mir. Gibst mir immer wieder Kraft - ohne dich hätte ich das alles nicht geschafft.

JOSEF: Ich freue mich, wenn ich dir helfen kann. Komm, wir klopfen hier noch mal an.

MARIA: Meinst du, es hat Zweck?

JOSEF: Wir werden sehen - vielleicht schickt man uns ja nicht weg. *(Josef klopft.)*

WIRT 3: Ihr lieben Leute, was kann ich für euch tun?

JOSEF: Guter Mann, meine Frau muss dringend ruhn.

WIRT 3: Oh, ich sehe, Ihre Frau erwartet ein Kind. Geht in diesen Stall - bei Ochse und Rind.

JOSEF: Lieber, guter Herr, wir danken Ihnen wirklich sehr.

WIRT 3: Es tut mir wirklich Leid, gerne gäbe ich euch ein Bett.

JOSEF: Ist schon gut, das mit dem Stall ist sehr nett. *(Maria und Josef gehen in den Stall.)*

SPRECHER: Hier in dem Stall, in dunkler Nacht, hat Maria das Jesuskind zur Welt gebracht. Nun müssen wir uns fürchten nicht, denn Jesus ist unser ewiges Licht. Jesus ist das Licht der ganzen Welt, das unser Leben froh macht und erhellt. Stolz hielt Maria das Jesuskind im Arm, dann legte sie es in eine Krippe, da war es schön warm. Dort schlief es auf Heu und auf Stroh - Maria und Josef waren sehr froh. Denn was in dieser Nacht passierte und geschah, das war wirklich wunderbar. Hirten hatten auf dem Felde die Schafe bewacht - dort schliefen sie nun in dunkler Nacht. Doch plötzlich sind sie aufgeschreckt, ein helles Licht hat sie geweckt.

HIRTE 1: Seht nur dieses helle Licht, wie es in die Augen sticht.

HIRTE 2: So ein Licht hab ich nie zuvor gesehen - gerne würde ich seine Bedeutung verstehen.

HIRTE 3: Auch ich sah niemals zuvor so einen hellen Schein. Ihr lieben Männer, was kann das nur sein?

HIRTE 2: Niemals zuvor hab ich so ein Licht gesehen - bestimmt ist etwas Besonderes geschehen.

SPRECHER: Plötzlich kommt ein Engel und spricht:

ENGEL 2: Habt keine Angst, fürchtet euch nicht!

SPRECHER: Und dann verkündete der Engel des Nachts dort auf dem Feld den Hirten die beste Botschaft der Welt.

ENGEL 3: Euch ist heute der Heiland geboren, den Gott zum Retter hat erkoren. Er ist das Licht der ganzen Welt, das unser Leben froh macht und erhellt. Mit seinem Licht will er nun immer bei uns sein, mit seinem Licht bricht er in unsere Dunkelheit ein. Dieses Licht ist Christus, unser Herr, ihm allein sei ewiglich Ehr.

HIRTE 1: Wie können wir diesen Jesus sehen?

ENGEL 4: Bis nach Bethlehem müsst ihr gehen. In einem Stall ist er geboren, den Gott zum Retter hat erkoren.

HIRTE 3: Wir würden suchen überall - aber niemals in einem Stall!

ENGEL 1: Gott wurde Mensch, winzig und klein. So kam er in die Welt hinein. Und doch wird Jesus der versprochene König sein.

HIRTE 2: Ein König ohne Thron?

HIRTE 1: Ein König ohne Kron?

ENGEL 2: Ein besonderer König: Gottes Sohn.

HIRTE 3: Männer, wie ich und du - der Stall gehört einfach dazu.

HIRTE 1: Jesus ist sich nicht zu fein - als Baby geboren: hilflos, winzig und klein.

HIRTE 2: Dieses helle Licht in dunkler Nacht hat soviel Freude uns gebracht. Plötzlich war eine große Schar von unzählig vielen Engeln da. Und von allen Engeln dann erklang dieser große Lobgesang:

ENGEL ALLE: Ehre sei Gott in der Höhe und Friede auf Erden möge es werden!

SPRECHER: Dann flogen die Engel wieder davon, und die Hirten gingen zum neugeborenen Sohn.

HIRTE 1: Kommt, Männer, lasst uns nun nach Bethlehem gehn, wir müssen unbedingt den neugeborenen König sehen. Los, nun kommt schon, schnell! Bewegt euch von der Stell!

HIRTE 3: So lasst uns gehen durch die dunkle Nacht, um zu sehen, welch große Freude uns Gott gemacht. *(Hirten machen sich auf den Weg.)*

HIRTE 2: Seht, dort ist der Stall, von dem der Engel sprach.

HIRTE 1: Seht, da ist ein großer Stern über des Stalles Dach.

HIRTE 3: Nun tretet schon ein, geschwind, wir wollen doch zum Jesuskind.

MARIA: Ihr lieben Hirten, was wollt ihr hier?

HIRTE 2: Den neugeborenen König suchen wir.

MARIA: Einen König haben wir nicht, nein - nur ein kleines Kindelein.

HIRTE 2: Dieses kleine Kindelein soll der Retter der ganzen Welt nun sein.

HIRTE 3: Ein Engel kam zu uns in dunkler Nacht und hat es uns gesagt.

HIRTE 1: Denn hier in diesem Stall ist heute der Heiland der ganzen Welt geboren, den Gott zum Retter hat erkoren.

HIRTE 2: Dieses Kind hier ist das Licht der ganzen Welt, das unser Leben froh macht und erhellt.

HIRTE 3: Mit seinem Licht will es immer bei uns sein, mit seinem Licht bricht es in unsere Dunkelheit ein.

HIRTE 1: Dieses Licht ist Christus, unser Herr,

HIRTEN ALLE: ihm allein sei ewiglich Ehr.

HIRTE 2: Seht, da liegt das Kind, ich kann es glauben kaum.

HIRTE 3: Auch mir erscheint es wie im Traum.

HIRTE 2: Gottes Sohn in einer Krippe auf Heu und auf Stroh.

HIRTE 1: Dieses Kind macht alle Menschen froh.

HIRTEN ALLE: Wir danken dir, Jesus Christ, dass du für uns geboren bist.

SPRECHER: Und so gingen die Hirten davon, voller Freude über den neugeborenen Sohn. Es kamen Könige aus der Fern *(Könige kommen herbei.)* - sie sahen von weitem einen großen Stern.

KÖNIG 1: So einen großen Stern habe ich nie zuvor gesehen, kommt und lasst uns zu ihm gehen!

KÖNIG 2: Seht nur, welch ein heller Strahl - welch ein Funkeln und Leuchten überall.

KÖNIG 3: Dort über diesem Stall leuchtet des Sternes heller Strahl.

KÖNIG 1: Dieser Stern hat was zu sagen - kommt und lasst uns in dem Stalle fragen.

KÖNIG 2: In diesem Stall? Was kann dort sein?

KÖNIG 1: Kommt, wir schauen mal herein.

KÖNIG 2: Bei Heu und bei Stroh liegt in der Krippe ein Kind.

KÖNIG 3: Lasst uns treten ein geschwind. *(Könige betreten den Stall.)*

KÖNIG 1: Wir sahen von Fern einen großen Stern.

KÖNIG 3: Sein Leuchten sah man überall - der Strahl deutete auf diesen Stall.

KÖNIG 2: Da wollten wir unbedingt sehen, was in diesem Stall ist geschehen.

KÖNIG 1: Du, liebes Kind, musst etwas ganz Besonderes sein, das sagt uns des Sternes heller Schein.

MARIA: Ihr lieben Könige, ich freue mich sehr - ihr gebt dem Kinde große Ehr.

KÖNIG 3: Schau her, liebstes Kind, welche Gaben wir für dich mitgebracht haben.

KÖNIG 2: Gold, Weihrauch und Myrrhe hier, all das schenken wir dir.

MARIA: Ihr lieben Könige, wir danken euch sehr.

KÖNIGE ALLE: Gott im Himmel sei ewiglich Ehr!

ALLE: Wir danken dir, Jesus Christ, dass du für uns geboren bist.

Mitmachgeschichten

Maria war schwanger

Maria war schwanger,	*Bauch zeigen*
sie erwartete ein kleines Kind.	*alle zeigen, wie klein Babys sind*
Maria und Josef mussten fort,	
nach Bethlehem ganz schnell.	*schnell auf der Stelle bewegen*
Der Weg nach Bethlehem war sehr weit -	

gemeinsam laufen wir eine kleine Runde hier im Kreis

Maria saß auf einem Esel die meiste Zeit.

die Kinder reiten auf dem Schoß

Maria und Josef suchten ein Zimmer für die Nacht –

suchend umschauen

schaut alle her. *mit den Händen ein Dach zeigen*

Sie klopften dort und klopften hier -

macht alle mit, jetzt klopfen wir

doch sie fanden kein Dach, oh nein,
denn man ließ sie nicht rein. *den Kopf schütteln*

Maria war sehr müde – schaut alle zu mir,
ich mache es vor, nun gähnen wir.
Sie fragten wirklich überall -
schließlich mussten sie in einen Stall.
Und nun rufen wir alle „hurra!" *„hurra!" rufen*

Maria bekam ein Kind, wie wunderbar.
Dieses Kind schenkte Gott einem jeden hier:
dir und dir und dir und dir. *auf jeden zeigen*

Wir heben unsere Arme, so hoch es geht,

Arme heben

damit jeder die Größe von dem Geschenk versteht.
Und nun senken wir unsere Arme wieder und zeigen,
das Kind war so klein - *zeigen*

doch sollte es das größte Geschenk auf Erden sein.
Vor lauter Freude und lauter Dank
klatschen wir in die Hände nun ganz lang.

klatschen

Die Hirten konnten nachts nicht schlafen,
sie waren auf dem Feld mit ihren Schafen.
Macht alle mit, jetzt gibt es Krach,
wir machen nun die Schafe nach: mäh, mäh, mäh.

nachahmen

Plötzlich war am Himmel ein helles Licht -
heller als die Lampe, die euch nun in die Augen sticht.

mit einer Taschenlampe vorsichtig den Kindern ins Gesicht leuchten

Und dann kam ein Engel auf die Erde nieder,

wir heben unsere Arme und wir senken sie wieder.
heben und senken

Der Engel sprach:
Habt keine Angst, fürchtet euch nicht -
denn euch ist heute geboren das ewige Licht.
Jesus, das Licht der Welt,
das unser Leben froh macht und erhellt.
Die Hirten waren über die Botschaft hoch erfreut
und glücklich dazu - jetzt macht alle mit, wir rufen laut juhu!
rufen

Um schnell das Jesuskind zu sehen,
wollten die Hirten geschwind nach Bethlehem gehen.
Und damit es jeder weiß, gemeinsam laufen wir nun
eine kleine Runde im Kreis. *laufen*
Die Hirten freuten sich wirklich sehr über das Jesuskind -
darum klatschen wir nun noch einmal geschwind.
Könige kamen von weit, weit her -
jetzt zeigen wir in die Ferne mit unserem Finger.
Die Könige freuten sich wirklich sehr -
darum klatschen wir in die Hände, schaut alle her.
Wir klatschen und klatschen immer wieder -
denn auch wir freuen uns so sehr darüber.
„Wir danken dir, Jesus Christ, *gemeinsam sprechen*
dass du für uns geboren bist."

Lieder

Tragt in die Welt nun ein Licht
Im Advent, im Advent
Ich hab seinen Stern gesehn
Ein Licht geht uns auf
Macht die Türen auf
O du fröhliche
Stille Nacht
Komm, wir gehen nach Bethlehem

Aktion: Weihnachtsgeschichte teilen

Die Weihnachtsgeschichte wird auf 24 Karten geschrieben. Von einer Seite werden diese Karten nummeriert. Falls zu der Nummer ein oder mehrere Gegenstände gehören, wird die Karte zusätzlich gekennzeichnet, z. B. mit einem Kreuz. Die andere Seite wird mit dem entsprechenden Text beschriftet.
Um die Weihnachtsgeschichte vorzutragen, setzen sich Eltern und Kinder am besten in einen Kreis. Nun werden die Karten reihum verteilt. Falls zu den Karten Gegenstände dazugehören, werden diese auch verteilt. Die Gegenstände überreichen wir am besten in kleinen Tüten oder Stoffbeuteln, die wir zuvor mit entsprechenden Nummern beschriften. Nun werden die Karten reihum vorgelesen. Die gezeigten Gegenstände legen bzw. stellen wir in die Mitte, so dass daraus eine Krippe in der Mitte des Kreises arrangiert wird.
Sehr schön ist es, wenn die Karten, auf die wir die Weihnachtsgeschichte schreiben, eine Form haben, die mit dem Text der jeweiligen Karte zu tun hat (siehe Adventskalender).
Aus der so aufgeschlüsselten Weihnachtsgeschichte lässt sich außerdem ein außergewöhnlicher Adventskalender basteln.

Adventskalender

Die Karten werden von beiden Seiten beschriftet. Für die Beschriftung der Zahlen sollten wir einen Goldstift nehmen. Das sieht sehr schön aus. Den Tonkarton sollten wir in verschiedenen Farben auswählen. Nach dem Beschriften werden die Karten unterhalb des oberen Randes gelocht und mit einem Band versehen. Nun werden die Karten in nummerischer Reihenfolge aufgehängt. Sehr schön sieht es aus, wenn man sie in eine Girlande (z.B. aus Tannengrün) hängt. Aber auch eine Kette aus Metallsternen eignet sich gut.
Es gibt zwei Möglichkeiten: Entweder lesen wir die Karten und zeigen zusätzlich die Gegenstände und lassen die Kinder die Anweisungen ausführen, oder wir lesen nur die Karten vor und verzichten auf den Rest. Es soll außerdem nicht nur der Text des jeweiligen Tages vorgelesen werden, sondern ebenso der gesamte vorangegangene Text. Sehr schnell sprechen die Kinder einen Teil der Reime mit. Durch die Reimform prägt sich der Text viel schneller ein. Mein Sohn konnte mit fast vier Jahren zum Ende des Adventskalenders hin einen großen Teil des Textes mitsprechen.

Gebet

Guter Gott,
Weihnachten soll es nun werden -
du schickst deinen Sohn zu uns auf Erden.
Weihnachten soll nun in unseren Herzen sein,
Jesus allein ziehe in unsere Herzen ein.
Hilf, dass wir ihm den Weg bereiten.
Guter Gott, du sollst uns führen, du sollst uns leiten.

Segen

Gott, der Herr, der dir das Licht
der Welt gegeben, erleuchte dich mit seinem Segen.
Gott, der Herr, der das Größte für dich gab,
kam in Jesus selbst zu dir herab.
Segnend will er dich begleiten -
er, dein Licht für alle Zeiten.

22. Das vergessene Geschenk

Bibeltext

Galater 4,4-6. Die Zeit hat sich erfüllt

Rollenspiel „Das vergessene Geschenk"

Personen: Sprecher, Klappmaulpuppe Charly

Material: In einen Schuhkarton legen wir einen Zettel, auf den wir das Wort „Jesus" schreiben. Den Karton verpacken wir in weihnachtliches Geschenkpapier. Außerdem versehen wir das Geschenk mit einem Geschenkanhänger „Für Charly von Gott".

CHARLY: Darf ich jetzt endlich?

SPRECHER: Einen Moment noch, Charly.

CHARLY: Wie lange dauert es denn noch?

SPRECHER: Gleeich, Charly!

CHARLY: Wann ist gleich? Eine Minute noch – oder eine Stunde?

SPRECHER: Du regst mich auf, Charly! Wisst ihr, Charly hat heute Morgen, als wir den Tannenbaum abgeschmückt haben, dieses Geschenk hier gefunden. Wir haben es wohl Weihnachten übersehen.

CHARLY: Ja - und da steht mein Name drauf. Seht mal da: Charly! *(Charly zeigt das Geschenk stolz den Kindern.)* Toll, was?! Für mich! Was da wohl drin ist? Bestimmt eine Eisenbahn oder ein Flugzeug oder ein Auto. Was meint ihr?

SPRECHER: Aber das hast du doch schon alles, Charly.

CHARLY: Stimmt. Dann wird wohl was anderes drin sein. *(kurze Pause)* Von wem ist das Geschenk denn eigentlich?

SPRECHER: Steht doch drauf, Charly: Für Charly von Gott.

CHARLY: Von Gott? Na, da bin ich aber mal gespannt. Darf ich denn jetzt endlich auspacken?

SPRECHER: Dann pack schon endlich aus, Charly.

CHARLY: Oh, bin ich aufgeregt. Ein Geschenk für mich. Für Charly von Gott! Was kann das nur sein? Eigentlich hab ich ja alles bekommen, was auf meinem Wunschzettel stand. Mann, bin ich aufgeregt. *(Charly packt das Geschenk aus.)*

CHARLY: Was ist das denn? Ein Stück Papier? Was soll ich denn damit? Also das ist wirklich das blödeste Geschenk meines Lebens! Was soll ich denn damit bloß anfangen? So ein blödes Geschenk!

SPRECHER: Guck mal, Charly, da steht was drauf. *(Sprecher zeigt auf den Zettel.)*

CHARLY: Ist mir doch egal. Lass mich in Ruhe. So ein blödes Geschenk! (kurze Pause) Was steht denn drauf?

SPRECHER: Jesus steht drauf.

CHARLY: Jesus? Jetzt versteh ich gar nichts mehr. Du etwa? *(kurze Pause)* Sag ich ja: Das blödeste Geschenk meines Lebens!

SPRECHER: Aber Charly!

CHARLY: Ist doch wahr! Blöd! Blöd! Blöd! Ich bin richtig wütend! Dieser Gott hätte sich ruhig etwas Besseres einfallen lassen können. Der hat wohl selbst keine Kinder?

SPRECHER: Doch. Gott hat einen Sohn, und der heißt Jesus.

CHARLY: Wie - und den verschenkt er? Kapier ich nicht.

SPRECHER: Genau richtig, Charly. Du hast es erfasst! Gott hat uns seinen Sohn geschenkt.

CHARLY: He, hör mal! Das ist mein Geschenk. Mir hat er ihn geschenkt. Trotzdem weiß ich nicht, was ich damit soll.

SPRECHER: Gott hat seinen Sohn nicht nur dir geschenkt, Charly, sondern jedem von uns hat er seinen Sohn geschenkt.

CHARLY: Ist ja noch schlimmer. Du meinst, jeder von uns hat so ein blödes Geschenk gekriegt? Ist ja schrecklich!

SPRECHER: Aber Charly! Das ist kein blödes Geschenk. Das ist das beste Geschenk deines Lebens. *(Charly fasst dem Sprecher an den Kopf.)*

CHARLY: Sag mal, hast du Fieber? Soll ich den Arzt rufen?

SPRECHER: Nein danke. Mir geht es gut.

CHARLY: Mir aber nicht.

SPRECHER: Soll ich dich mal wieder aufmuntern, Charly? Dann hör jetzt mal gut zu: Gott hat seinen Sohn Jesus für uns Menschen auf diese Welt geschickt. Er hat ihn uns sozusagen geschenkt. Und deshalb feiern wir Weihnachten.

CHARLY: Ja, aber was haben wir denn von diesem Jesus?

SPRECHER: Jesus liebt uns, jeden hier liebt er. Er will uns froh und glücklich machen und ist immer bei uns.

CHARLY: Wo? Wo ist Jesus? *(Charly sieht sich im Raum um.)*

SPRECHER: Du kannst ihn nicht sehen, aber er ist immer bei dir. Jesus

	behütet und beschützt dich. Er will dein Freund sein. Du kannst immer mit Jesus reden. Er versteht dich und hilft dir.
CHARLY:	Mensch! So ein tolles Geschenk! Wieso hast du das nicht sofort gesagt? Das ist wirklich das beste Geschenk meines Lebens! Und beinah hätten wir es unterm Weihnachtsbaum vergessen.

Bewegungsspiele

<u>Das Geschenk für dich und mich</u>

Ein so großes	*Arme heben*
Geschenk	*Handflächen nach oben drehen*
hat Gott	*nach oben zeigen*
uns allen gemacht.	*einen Halbkreis ziehen*
Mit diesem Geschenk	*Handflächen nach oben drehen*
ist Gott	*nach oben zeigen*
uns ganz nah.	*Arme vor der Brust überkreuzen*
Dieses Geschenk	*Handflächen nach oben drehen*
ist für jeden hier.	*einen Halbkreis ziehen*
Gott	*nach oben zeigen*
gab	*Handflächen nach oben drehen*
es dir und dir und dir	*auf die anderen zeigen*
und mir.	*auf uns zeigen*

<u>Das Geschenk seiner Liebe</u>

Seine	*nach oben zeigen*
Liebe	*auf das Herz zeigen*
will Gott	*nach oben zeigen*
uns	*einen Halbkreis ziehen*
mit diesem Geschenk geben.	*Handflächen nach oben drehen*
Seine Liebe will er	*nach oben zeigen*
in unser Herz legen.	*auf das Herz zeigen*
Gottes	*nach oben zeigen*
Liebe	*auf das Herz zeigen*
ist immer da.	*Arme ausstrecken*
Wir klatschen in die Hände	*klatschen*
und rufen laut „hurra"!	*laut „hurra!" rufen*

Lieder

Gottes Liebe ist so wunderbar
Gottes Liebe ist wie die Sonne
Feuerwerk

Bastelideen

Erinnerungsfoto

Wir können ein Foto, auf dem alle Gegenstände und Figuren der Weihnachtsgeschichte abgebildet sind, in Geschenkpapier wickeln oder in einen Briefumschlag legen. Zuvor beschriften wir die Rückseite des Fotos mit den Worten „Ein so großes Geschenk hat Gott uns allen gemacht". Auf die Verpackung kleben wir einen Geschenkanhänger mit den Worten: „Das besondere Geschenk für (Name von Mutter und Kind)". Dieses Foto ist eine sehr schöne Erinnerung an die Geschichte. Eine weitere Möglichkeit wäre ein Foto, auf dem nur die Krippe mit dem Jesuskind zu sehen ist. Auf das Jesuskind legen wir eine Kerze. Neben die Krippe legen wir das Geschenkpapier, in dem das Jesuskind eingewickelt war.

Ein Licht brennt im Herzen

Jesus will mit seinem Licht unsere Herzen erobern. Sein Licht soll in unseren Herzen brennen. Das wollen wir durch ein Teelicht zum Ausdruck bringen. Dieses Teelicht kleben wir auf ein Herz, das wir zuvor aus Tonkarton ausgeschnitten haben. Um das Teelicht kleben wir nun einen Streifen Tonkarton. Zuvor beschriften wir das Herz mit den Worten „Seine Liebe will Gott in unser Herz legen", außerdem mit den Namen von Mutter und Kind.

Gebet

Guter Gott,
Weihnachten gab es viele Geschenke für jeden,
doch das beste und größte Geschenk hast du uns gegeben.
Du schenktest deinen Sohn der ganzen Welt,
damit er unser aller Leben erhellt.
Jesus will unser Freund sein,

Jesus lässt uns nie allein.
Mit Jesus ist uns deine Liebe ganz nah
und immer und überall da.
Guter Gott, wir danken dir
von ganzem Herzen nun dafür.

Segen

Gott, der Herr,
der das Größte für dich gegeben,
stehe segnend über deinem ganzen Leben.

23. Wer durchkreuzt denn da mein Leben?

Bibeltext

Markus 15,20-41. Jesus stirbt am Kreuz

Rollenspiel „Charly und das Kreuz"

Personen: Sprecher, Klappmaulpuppe Charly
Die Ostergeschichte wird durch „Das liebende Kreuz" (siehe Bastelidee) veranschaulicht.

Charly hält das Kreuz in der Hand.

SPRECHER: Hallo Charly!

CHARLY: Hallo! *(Charly hält Kreuz in der Hand.)*

SPRECHER: Was hast du denn da, Charly? Zeig mal her!

CHARLY: Noch nie ein Kreuz gesehen, was?

SPRECHER: Natürlich hab ich schon mal ein Kreuz gesehen, Charly. Aber auf deinem Kreuz ist ja ein Herz.

CHARLY: Kannst du mal sehen. Da steht Charly drauf - hm.

SPRECHER: Nee - da steht „Jesus liebt Charly" drauf.

CHARLY: Ist ja toll! Jesus liebt Charly! Du, das gefällt mir! *(kurze Pause)* Aber woher soll ich denn wissen, dass Jesus mich wirklich liebt?

SPRECHER: Schau mal hier: Das Kreuz soll dich dran erinnern!

CHARLY: Das Kreuz? Kapier ich nicht!

SPRECHER: Dann hör jetzt mal gut zu, Charly. Das Kreuz soll dich daran erinnern, dass Jesus am Kreuz für dich starb.

CHARLY: Was? Jesus ist tot? Du hast doch gerade gesagt, dass er mich liebt. Wie kann mich denn jemand lieben, der schon tot ist?

SPRECHER: Jesus ist nicht mehr tot, Charly. Jesus lebt.

CHARLY: Wo? Wo lebt Jesus?

SPRECHER: Bei Gott. Jesus lebt bei Gott, Charly.

CHARLY: Kapier ich trotzdem nicht. Wie kann Jesus leben, wenn er doch am Kreuz starb?

SPRECHER: Gott hat Jesus wieder auferweckt, Charly. Jesus war tot, und jetzt lebt er wieder.

CHARLY: Aber wieso hat ihn Gott denn erst sterben lassen, wenn er jetzt sowieso wieder lebt?

SPRECHER: Jesus musste am Kreuz sterben, weil wir Menschen so böse sind. Er ist für das Böse der Menschen bestraft worden. Aber er hat es gerne getan.

CHARLY: Kapier ich nicht. Wie kann jemand denn gerne sterben?

SPRECHER: Jesus hat es gerne getan, weil er uns Menschen liebt.

CHARLY: Jetzt weiß ich, dass Jesus mich liebt. Sonst hätte er das wirklich nicht tun können. Toll! Jesus liebt Charly und euch alle. *(Charly zeigt auf die Kinder.)*

SPRECHER: Und damit ihr euch auch immer daran erinnert, dürft ihr gleich zusammen mit euren Müttern ein Kreuz basteln.

Bewegungsspiel „Am Kreuz starb er"

Jesus	*nach oben zeigen*
liebt	*auf das Herz zeigen*
mich sehr.	*auf uns zeigen*
Am Kreuz starb er	*Unterarme zum Kreuz verschränken*
für mich	*auf uns zeigen*
und für dich und dich und dich.	*auf die andern zeigen*
Danke,	*Hände falten*
Herr,	*nach oben zeigen*
du liebst	*auf das Herz zeigen*
mich so sehr.	*auf uns zeigen*

Lieder

Jesus starb an dem Kreuz (Melodie: Bruder Jakob)

1. Jesus starb, Jesus starb
an dem Kreuz, an dem Kreuz,
weil er uns so lieb hat, weil er uns so lieb hat,
dich und mich, dich und mich.

2. Jesus starb, Jesus starb
für die Schuld, für die Schuld,
auch für unsre Sünden, auch für unsre Sünden,
an dem Kreuz, an dem Kreuz.

3. Jesus lebt, Jesus lebt,

hört doch her, hört doch her,
er ist auferstanden, er ist auferstanden
von dem Tod, von dem Tod.

4. Jesus, du, Jesus, du
hast gesiegt, hast gesiegt.
Du bist viel, viel größer, du bist viel, viel größer
als der Tod, als der Tod.

5. Jesus, dir, Jesus, dir
Dankeschön, Dankeschön,
denn du bist gestorben, denn du bist gestorben
auch für mich, auch für mich.

weitere Lieder
Links, rechts, geradeaus
Gott wird Mensch
Beim Vater war es himmlisch

Bastelideen

Das liebende Kreuz
Aus Pappe oder Tonkarton wird ein Kreuz ausgeschnitten, aus rotem Tonkarton ein Herz. Das Herz muss kleiner sein als das Kreuz, denn es wird in die Mitte des Kreuzes geklebt. Auf das Herz schreiben wir „Jesus liebt (Name des Kindes)". Bevor wir das Herz aufkleben, können die Kinder das Kreuz noch bemalen, mit Buntpapier-, Seidenpapier- oder Krepppapierschnipseln bekleben.

Papiereier
Aus Tonkarton werden Eier ausgeschnitten, die anschließend von den Kindern bemalt oder mit Buntpapier beklebt werden. Diese Eier kann man z.B. in einen Osterstrauß hängen. Aber auch als Geschenkanhänger sehen sie hübsch aus. Klebt man die Eier auf einen Schaschlikspieß oder spießt ihn durch, ergibt das eine schöne Dekoration für die Blumentöpfe.

Gebet

Guter Gott,
hilf, dass wir immer daran denken,
du willst uns neues Leben schenken.
Du bist stärker als der Tod,
du allein, oh großer Gott.
Hab Dank,
du hast deinen einzigen Sohn für uns gegeben.
Du willst uns beschenken mit neuem Leben.
Vorbei ist nun all unsere Not,
du hast überwunden Sünde und Tod.
Guter Gott, wir danken dir
von ganzem Herzen nun dafür.

Segen

Gott, der Herr,
der seinen einzigen Sohn für dich gab,
komme nun mit seinem Segen auf dich herab.
Es segne dich Gott, der Herr,
und sei gewiss, er liebt dich sehr.
Er segne deinen Glauben und dein Vertrauen,
du kannst auf seine Liebe und Vergebung schauen.

24. Das Muttertagsgeschenk

Bibeltext
2. Mose 20,12. Die Eltern ehren

Rollenspiel „Muttertag"
Personen: Sprecher, Klappmaulpuppe Charly

Das Lesezeichen in unserem Rollenspiel kann mit einer anderen Bastelidee ausgetauscht werden. Sollte man mit den Kindern nicht basteln, dann packt man einfach einen Gegenstand in Geschenkpapier. Dieses Geschenk ist dann das Muttertagsgeschenk des Sprechers.

CHARLY: Duu?
SPRECHER: Ja, Charly, was gibt es?
CHARLY: Darf ich dich mal was fragen?
SPRECHER: Nun frag schon endlich, Charly.
CHARLY: Was basteln wir heute eigentlich?
SPRECHER: Lesezeichen. *(oder ein anderes Geschenk)*
CHARLY: Lesezeichen?
SPRECHER: Ja, Charly - Lesezeichen.
CHARLY: Und was machen wir damit?
SPRECHER: Verschenken, Charly - zum Muttertag.
CHARLY: Muttertag?
SPRECHER: Ja, Charly. Am Sonntag ist doch Muttertag.
CHARLY: Und da verschenkt man Lesezeichen?
SPRECHER: Es muss kein Lesezeichen sein, Charly. Du kannst deiner Mutter auch etwas anderes schenken.
CHARLY: Wieso soll ich denn meiner Mutter überhaupt was schenken, die hat doch alles.
SPRECHER: Na, überleg doch mal, Charly. Wieso verschenkt man denn was?
CHARLY: Keine Ahnung. Sag du mal.
SPRECHER: Man verschenkt etwas, um anderen eine Freude zu machen.
CHARLY: Ach so - schon kapiert. Meinst du denn, meine Mutter freut sich über so ein Lesedingsbums?
SPRECHER: Lesezeichen, Charly. Aber natürlich wird sich deine Mutter darüber freuen, Charly. Du hast es selbst gebastelt.

CHARLY: Duu - wieso gibt es denn eigentlich diesen Müttertag?
SPRECHER: Muttertag, Charly. Am Muttertag werden die Mütter besonders verwöhnt und gefeiert.
CHARLY: Und was noch?
SPRECHER: Die Kinder sagen danke für alles, was die Mütter das ganze Jahr über für sie getan haben.
CHARLY: Aber das macht sie doch gerne. Meine Mutter liebt mich doch. Da muss ich doch nicht danke sagen.
SPRECHER: Aber natürlich musst du danke sagen, Charly. Gerade den Müttern wird viel zu wenig danke gesagt.
CHARLY: Hm.
SPRECHER: Überleg doch mal, was deine Mutter den ganzen Tag so alles für dich macht.
CHARLY: Also: Sie macht Frühstück, Mittagessen, leckeren Nachtisch, Abendbrot. Sie zieht mich an, vorher wäscht sie mich und putzt mir die Zähne. Sie wäscht und bügelt meine Sachen. Sie erzählt mir Geschichten und spielt mit mir. Sie ...
SPRECHER: Ist gut, Charly. Na, hast du jetzt gemerkt, wie viel deine Mutter für dich einsetzt?
CHARLY: Aber ich war doch noch lange nicht fertig. Meine Mutter macht doch noch viel, viel mehr für mich.
SPRECHER: Ich weiß, Charly. Deshalb sollst du ja auch danke sagen.
CHARLY: Aber soll ich wirklich erst am Sonntag danke sagen? Ich sag ihr jetzt sofort danke. Und demnächst sag ich ihr viel, viel öfter danke. Und weißt du, was ich ihr noch sage?
SPRECHER: Nein, was denn?
CHARLY: Ich sage ihr, dass ich sie lieb habe. Genau, das sag ich ihr.
SPRECHER: Gute Idee! Da wird sich deine Mutter bestimmt freuen.
CHARLY: Und Sonntag schenk ich ihr dann das Lesezeichen. Die wird sich freuen!

Bewegungsspiel „Liebe Mutter, ich danke dir"

Liebe Mutter, ich danke dir,
denn du bist immer so lieb zu mir.
Du machst für mich so viel,
wofür ich dir nun danke sagen will:

Du machst mir Frühstück, welch ein Glück,
so tun, als ob wir etwas essen
und meine Zähne *Mund öffnen, Zähne zeigen*
putzt du mir, *so tun, als ob wir die Zähne putzen*
ich danke dir dafür.
Du wäschst meine Kleidung, *auf die Kleidung zeigen*
ich danke dir sehr,
weil ich ohne dich ganz schmutzig wär.
Du kochst mir mein Essen, jeden Tag,
so tun, als ob wir Essen kochen
auch wenn ich nicht immer alles essen mag.
so tun, als ob wir etwas essen,
dabei mit dem Kopf schütteln
Ohne dich hätte ich Hunger ganz fürchterlich.
eine Hand auf den Bauch legen
Du putzt die Wohnung, *so tun, als ob wir etwas putzen*
es glänzt das ganze Haus, *mit beiden Händen ein Dach formen*
alles sieht sehr sauber aus.
Und bevor ich es vergesse, *so tun, als ob wir bügeln*
ohne dich wäre die Wäsche ganz knubbelig.
Und jeden Abend bringst du mich ins Bett,
Kopf zur Seite legen
das ist wirklich sehr, sehr nett. *die Hände unter den Kopf legen*
und verträumt schauen
Liebe Mutter, du bist einfach immer für mich da,
Kinder zeigen auf die Mütter,
danach auf sich selbst
das finde ich ganz wunderbar. *in die Hände klatschen*
Ich danke dir so sehr.
Liebe Mutter, und zum Schluss
kriegst du einen dicken Kuss! *Kinder küssen die Mütter*

Lieder

<u>Liebe Mutter, vielen Dank (Melodie: Bruder Jakob)</u>

Liebe Mutter, liebe Mutter,
vielen Dank, vielen Dank,
du bist so gut zu mir, du bist so gut zu mir,

jeden Tag, jede Nacht.

Liebe Mutter, liebe Mutter,
vielen Dank, vielen Dank,
weil du für mich da bist, weil du für mich da bist,
jeden Tag, jede Nacht.

Liebe Mutter, liebe Mutter,
vielen Dank, vielen Dank,
du hast niemals Pause, du hast niemals Pause,
keinen Tag, keine Nacht.

Liebe Mutter, liebe Mutter,
machst das Bett, machst das Bett,
und du kochst das Essen, und du kochst das Essen,
es schmeckt toll, es schmeckt toll.

Liebe Mutter, liebe Mutter,
ohne dich, ohne dich
hätt ich gelbe Zähne, hätt ich gelbe Zähne,
Strubbelhaar, Strubbelhaar.

Liebe Mutter, liebe Mutter,
ohne dich, ohne dich
gäb es nichts zu essen, gäb es nichts zu essen
auf dem Tisch, auf dem Tisch.

Liebe Mutter, liebe Mutter,
ohne dich, ohne dich,
alles ungebügelt, alles ungebügelt,
schmuddelig, schmuddelig.

Liebe Mutter, liebe Mutter,
ohne dich, ohne dich
würd' mich niemand trösten, würd' mich niemand trösten
nach dem Sturz, nach dem Sturz.

Liebe Mutter, liebe Mutter,

spielst mit mir, spielst mit mir,
lässt den Kaspar tanzen, lässt den Kaspar tanzen,
das macht Spaß, das macht Spaß.

weitere Lieder

Was sing ich dir (zum Muttertag)
Liebe Mutter, liebe Mutter
Wir wären nie gewaschen
Liebe Gott und deinen Nächsten

Aktion: Gemeinsames Foto von Mutter und Kind

Das Thema der Gruppenstunde eignet sich besonders gut dazu, Mutter und Kind gemeinsam zu fotografieren. Wenn wir nicht die Möglichkeit dazu haben, dies draußen zu tun, so sollten wir einen passenden Hintergrund schaffen. Schön wäre z.B. ein großes, rotes Herz. Das Herz können wir z.B. mit Finger- oder Plakafarbe auf Tapetenrolle malen.

Bastelideen

Puppenherd

Um einen Puppenherd herzustellen, benötigt man einen stabilen Karton. Dieser Karton darf zuvor von den Kindern mit Fingerfarbe angemalt werden. Danach wird die Backofentür mit Hilfe eines Teppichmessers ausgeschnitten. Die Herdplatten und Schalter werden aufgemalt oder aus Tonkarton ausgeschnitten. Dann werden sie beschriftet und aufgeklebt oder mit Musterbeutelklammern befestigt, dann lässt sich der Knopf drehen. Als Griff befestigen wir eine Holzkugel mit einem Stück Draht an der Backofentür. Als Geschirr für den Puppenherd dienen z. B. kleine Dosen, Teller, Becher und Löffel aus Plastik sowie Holzbrettchen und Schneebesen. Leere, saubere Lebensmittelverpackungen (z.B. Schachteln von Käse) lassen sich gut in der Puppenküche verwenden.

Salzteig

Für den Puppenherd werden natürlich auch Lebensmittel benötigt.

Die können gemeinsam mit den Kindern aus Salzteig hergestellt werden. Der Teig muss gut durchgeknetet werden. Wird flüssige Speisefarbe hinzugefügt, lässt sich der Teig einfärben.
Für Salzteig werden benötigt: 2 Teile Mehl; 2 Teile Salz, 1 Teil Wasser
Ältere Kinder können die Lebensmittel mit Messer, Zahnstocher, Teigrolle oder Ausstechformen selbst gestalten. Herstellen lassen sich z.B. Obst, Gemüse, Nudeln, Brötchen, Brot, Eier, Kekse, ein Stück Butter usw. Der Teig darf nicht zu dünn ausgerollt werden. Die fertigen Werke können entweder an der Luft oder bei niedriger Temperatur im Backofen trocknen. Anschließend lassen sich die Kunstwerke bemalen.

<u>Waschmaschine</u>
Ähnlich wie der Puppenherd lässt sich eine Waschmaschine herstellen. Hierzu wird ein leerer Karton benötigt, der mit Tapetenresten beklebt wird. Mit Hilfe eines Teppichmessers wird eine runde Tür in die Vorderfront geschnitten. Die Schalter schneiden wir aus Tonkarton aus und kleben sie mit Hilfe von Doppelklebeband auf. Oder man nimmt Musterbeutelklammern zum Befestigen der Drehknöpfe. Als Griff befestigen wir ebenfalls eine Holzkugel an der Waschmaschinentür.

<u>Muttertagsherz</u>
Einige Wochen vor dem Muttertag wird jede Mutter mit ihrem Kind fotografiert. Originell werden die Fotos, wenn man sie auf einem gemeinsamen Frühlingsspaziergang schießt. Aus Tonkarton werden Herzen ausgeschnitten, auf die die Fotos geklebt werden. Neben das Foto schreiben wir einen Segen für Mutter und Kind. Auf die Rückseite wird das Gebet der Gruppenstunde geschrieben. Gebet und Segen lassen sich auch kopieren und aufkleben.

<u>Buntes Herz</u>
Aus Tonkarton schneiden die Kinder Herzen aus (für die jüngeren Kinder Herzen vorbereiten). Die Herzen können auf verschiedene Weise weiter gestaltet werden. Entweder malen die Kinder die Herzen mit Wachsmalstiften oder Fingerfarbe an oder sie bekleben sie mit Hilfe von Tapetenkleister mit den unterschiedlichsten Materialien. Gut eignen sich z.B. Wollfäden, gepresste Blätter oder Blu-

men, Bunt- oder Krepppapierschnipsel. Stolz werden die Kleinen dieses selbst gebastelte Geschenk überreichen.

Herz mit Handabdruck
Auf das Herz wird mit Fingerfarbe die Hand des Kindes gedruckt und mit dem Namen des Kindes beschriftet.

Gesteck im bemalten Tontopf
Mit Fingerfarbe bemalen die Kinder kleine Tontöpfe. Diese Tontöpfe müssen allerdings nach dem Trocknen lackiert werden. In die Töpfe geben die Kinder nun ein Stück Knete, Salzteig oder einen Steckschwamm. Aus Seiden- oder Trockenblumen können die Kinder nun ein kleines Gesteck anfertigen. Mit ein wenig Hilfe können bei dieser Bastelarbeit selbst sehr kleine Kinder schon mit Hand anlegen.

Lesezeichen
Ein Band aus transparenter Selbstklebefolie wird auf Länge zugeschnitten, und zwar mit reichlichem Umfang des Lesezeichens. Auf das Lesezeichens legen die Kinder gepresste Blumen und Gräser. Die Folie wird mittig auf das Lesezeichen gelegt und hinten festgeklebt. Wer möchte, kann das Lesezeichen am Ende lochen und mit einem Satinband versehen. Diese Bastelarbeit ist so einfach und schnell anzufertigen, dass auch für andere Personen noch Lesezeichen angefertigt werden können. Die Blumen können auf einem Frühlingsspaziergang gesammelt und dann gepresst werden.

Spiele

Wer kommt in Mutters Arme?
Mutter und Kind stehen sich in einiger Entfernung gegenüber. Die Mutter ruft dem Kind entgegen: „Wer kommt in meine Arme?“ Dann läuft das Kind in die ausgestreckten Arme der Mutter.

Nachahmungsspiele
Allzu gerne ahmen die kleinen Kinder die Arbeit der Mutter nach und entwickeln dabei erstaunlich viel Phantasie und Kreativität. Und was liegt näher bei dem Thema Muttertag, als die Arbeit der Mutter

nachzuahmen? Das nötige Spielzeug dazu haben wir ja vielleicht gebastelt.
Heute ist also Waschtag, und an so einem Waschtag gibt es wirklich jede Menge zu tun: Puppenwäsche will gewaschen und aufgehängt werden. Die trockene Wäsche muss abgenommen, in Körbe gelegt und schließlich gebügelt werden. Damit die Kinder die Wäsche aufhängen können, spannen wir Wäscheleine zwischen die einzelnen Stühle, die sich in einiger Entfernung gegenüberstehen. Falls einige Kinder Spielzeugbügeleisen haben, sollten diese mitgebracht werden, um die Wäsche damit zu bügeln. Oder die fleißigen Puppeneltern kochen. Nach so viel anstrengender Arbeit müssen wir uns erst mal mit einem leckeren Essen stärken. Ja, und nun darf, zur großen Freude aller Kinder, gekocht werden. Was sollen wir denn heute kochen? Ach, fragen wir doch am besten unsere Puppen selbst ...
Nach einem anstrengenden Tag gehen die Puppen und die Plüschtiere nun erst mal schlafen. Decken und Kissen werden ausgebreitet und die Kinder bringen ihre kleinen Lieblinge ins Bett.

Gebet

Guter Gott,
von Herzen wollen wir dir danke sagen,
dass wir eine Mutter haben.
Danke, dass es unsere Mutter gibt -
danke, dass uns unsere Mutter liebt.
Jeder Tag soll ein Muttertag sein,
jeden Tag wollen wir unsere Mutter erfreuen.

Segen

Dein Segen soll Mutter und Kind begleiten,
dein Segen soll sie führen und leiten.
Segne die Arbeit, die jede Mutter tut,
denn die Arbeit der Mutter ist wichtig und gut.
Segne in den Familien das Zusammenleben –
hilf, dass wir dort deine Liebe weitergeben.
Segne du das Verhältnis von Mutter und Kind allezeit,
damit jedes Kind aufwächst in Geborgenheit.

25. Erntedank

Das Erntedankfest greift das Thema der Schöpfungsgeschichte sehr gut auf. Deshalb ist es möglich, zwei Gruppenstunden zu „Erntedank" und „Schöpfung" zu machen. Es ist möglich, für beide Themenreihen dieselben Lieder auszuwählen, so dass ein besseres Erlernen und Verstehen der Lieder ermöglicht wird.

Bibeltext

Psalm 104,24-30. Gott versorgt uns.

Rollenspiel

Personen: Rosa, Rudi

ROSA: Hast du schon gehört, Rudi? Sonntag ist Erntedankfest.
RUDI: Was ist das denn - Erntedankfest?
ROSA: Sag bloß, du weißt nicht, was Erntedankfest ist, Rudi?
RUDI: Nein, keine Ahnung. Nie gehört. Nun sag schon endlich!
ROSA: Ja, also: am Erntedankfest danken die Menschen Gott dafür, dass er uns das ganze Jahr über mit Essen und Trinken versorgt.
RUDI: Ziemlich undankbar, was?!
ROSA: Wieso? Wie kann denn Danken undankbar sein?
RUDI: Da versorgt uns Gott das ganze Jahr über jeden Tag mit Essen und Trinken, und wir danken ihm nur einmal im Jahr dafür.
ROSA: Stimmt, Rudi. Ziemlich undankbar.
RUDI: Wenn wir sonst etwas geschenkt bekommen, bedanken wir uns auch sofort dafür und nicht erst in einem Jahr.
ROSA: Ja, Rudi. Wir sollten Gott täglich für Essen und Trinken danken und nicht nur einmal im Jahr. Schließlich ist Essen und Trinken lebensnotwendig und wir können uns freuen, dass wir genug zu essen haben.
RUDI: Stimmt, Rosa. Aber wie sollen wir das nur machen, Gott täglich danken?
ROSA: Lass mal überlegen. Ich hab' da eine Idee.
RUDI: Sag schon, Rosa.
ROSA: Wir haben letzte Woche im Mini-Club dieses Blatt hier bekommen.

RUDI: Zeig mal! Da stehen ja Gebete drauf. Praktisch.

ROSA: Ja, und man kann sogar einen Würfel daraus basteln. Und vor jedem Essen ein Tischgebet würfeln.

RUDI: Echt toll, Rosa. Weißt du was? Wenn wir den Würfel gebastelt haben, stellen wir ihn auf unseren Küchentisch, damit wir auf keinen Fall vergessen, Gott täglich für unser Essen zu danken.

ROSA: Ich bin aber zuerst mit Würfeln dran.

RUDI: Okay - du würfelst und ich bete.

ROSA: Abgemacht.

Mitmachspiel „Erntedank"

Das Erntedankspiel wird reihum vorgetragen. Vor Spielbeginn werden die einzelnen Verse, ggf. mit den dazugehörigen Gaben bzw. Gegenständen, an die einzelnen Mitspieler verteilt. Die Gaben bzw. Gegenstände werden, nachdem sie gezeigt wurden, auf einen festlich geschmückten Tisch gelegt. Der muss zum Abschluss auf jeden Fall fotografiert werden! Um den Erntedanksegen zu empfangen, sollten wir uns an den Händen fassen und im Kreis oder Halbkreis um den Tisch stellen. Das Erntedankspiel eignet sich auch gut dazu, im Familiengottesdienst vorgetragen zu werden. Dies kann z.B. vom Kindergarten oder Kindergottesdienst vorgenommen werden.

Ich bin ein Apfel, *Apfel zeigen*
betrachtet mich,
auf dem Baum, da wachse ich.
Ich bin eine Banane, *Banane zeigen*
betrachtet mich,
auf der Bananenstaude, da wachse ich.
Ich bin eine Birne, *Birne zeigen*
betrachtet mich,
auf dem Baum, da wachse ich.
Alles Obst kommt, oh Gott, von dir,
wir danken dir dafür.

Ich bin die Sonne, *eine Sonne aus Tonkarton*
schaut alle her,

ohne mich wächst gar nichts mehr.
Du, Gott, hast die Sonne uns gegeben,
wir brauchen sie für unser Leben.

Ich bin eine Möhre, *Möhre zeigen*
betrachtet mich,
auf dem Feld da, wachse ich.
Ich bin ein Kohlrabi, *Kohlrabi zeigen*
betrachtet mich,
in dem Garten da, wachse ich.
Ich bin eine Kartoffel, *Kartoffel zeigen*
betrachtet mich,
auf dem Feld da, wachse ich.
Ich bin ein Salat, *Salat zeigen*
betrachtet mich,
in dem Garten da, wachse ich.
Alles Gemüse kommt, oh Gott, von dir,
wir danken dir dafür.

Ich bin der Regen, *evtl. mit einem Zerstäuber*
schaut alle her,
ohne mich wächst gar nichts mehr.
Regenschirm aufspannen, mit einer Gießkanne eine Blume gießen
Schaut alle her, *Fön einschalten*
ich bin der Wind
und verstreue den Samen ganz geschwind.
eine Untertasse mit Samenkörnern davor halten, dann eine Blume
Du, Gott, gabst uns Regen und Wind,
damit man auf der Erde Leben find'.

Schaut alle her, *einen Mond aus Tonkarton*
ich bin der Mond, *ausschneiden und zeigen*
der oben an dem Himmel wohnt.

Und gäbe es mich nicht,
so wäre nachts kein Licht.

Schaut alle her, *Sterne aus Tonkarton*
wir sind die Sterne,
ohne uns gäbe es nachts kein Funkeln
aus der Ferne.
Du, Gott, hast uns Mond und Sterne
gegeben, damit wir nicht in Dunkelheit leben.

Ich bin das Brot, *Brot zeigen*
schaut alle her,
ohne mich wäre euer Tisch sehr leer,
Gott, du hast uns Brot gegeben
und auch alles andere zum Leben.
Dir allein danken wir
von ganzem Herzen nun dafür.

Ich bin die Kleidung, *Kleidung zeigen*
betrachtet mich,
ohne mich wärt ihr ganz nackig.
Auch die Kleidung kommt von dir,
guter Gott, hab Dank dafür.

Ich bin das Dach, *mit den Händen ein Dach zeigen*
betrachtet mich,
ohne mich gäbe es keine
Wohnung für dich.
Gott, du hast uns ein
Dach über dem Kopf gegeben
und eine Wohnung, um darin zu leben.
Alles, alles kommt von dir,
guter Gott, hab Dank dafür.

Schaut alle her, *ein Spiegel wird weitergegeben,*
das seid ihr, *jeder betrachtet sich darin*
ohne Gott wär keiner hier.
Nun klatschen wir in die Hände
und rufen laut „hurra!",
denn ohne Gott wär gar nichts da.

Lieder

Guter Gott (Melodie: Bruder Jakob)

Guter Gott, guter Gott,
vielen Dank, vielen Dank
für das gute Essen, für das gute Essen
auf dem Tisch, auf dem Tisch.

Guter Gott, guter Gott,
du gibst uns, du gibst uns
Brot und viele Gaben, Brot und viele Gaben
jeden Tag, jeden Tag.

Guter Gott, guter Gott,
Groß und Klein, Groß und Klein
muss bei uns nicht hungern, muss bei uns nicht hungern,
dir sei Dank, dir sei Dank.

Guter Gott, guter Gott,
für das Brot, für das Brot
und für alles Trinken, und für alles Trinken
danken wir, danken wir.

weitere Lieder

Du hast uns deine Welt geschenkt
Wer lässt die Sterne strahlen
Er hält die ganze Welt in seiner Hand
Volltreffer
Immer und überall
1, 2, 3, hier geht es rund
Mein Gott ist groß
Kommt her und singt
Ich sehe meinen Körper an
Alle guten Gaben (Kanon)
Miteinander essen
Herr, wir danken dir
Danke! Ich freu mich

Aktionen: Gemeinsam essen

Denkbar wäre z.B. das gemeinsame Zubereiten eines Obstsalates. Jeder bringt ein Stück Obst von zu Hause mit. Vorher sprechen wir ab, wer welche Obstsorte mitbringt. Bevor wir mit dem Zerschneiden beginnen, zeigen wir den Kindern das Obst und fragen sie nach der jeweiligen Obstsorte. Wir erklären den Kindern, dass Gott alles wachsen lässt. Vielleicht möchten wir lieber einen Salat aus verschiedenen Gemüsesorten zubereiten? Am besten wäre es natürlich, wir würden beide Salate zubereiten. So können wir den Kindern besonders viele Erntegaben zeigen. Ideal wäre es, wenn eine Woche zuvor mit den Kindern Kresse (Thema Schöpfung) gesät wird. Die Kresse könnten wir nun gemeinsam mit den Kindern ernten und in unseren Gemüsesalat geben. Aber auch für Kräuterquark kann man die Kresse sehr gut verwenden. Wollen wir keine Salate zubereiten, so können wir unser Obst und Gemüse auch auf einen festlich geschmückten Erntedanktisch legen. Anschließend geben wir diese Gaben an bedürftige Menschen (Kinderheim) weiter. Wir erklären den Kindern, dass wir anderen, denen es nicht so gut geht wie uns, etwas von unserem Essen abgeben möchten. Vielleicht bringt jeder zwei Stück Obst und zwei Stücke Gemüse mit. So können wir Salate zubereiten und zusätzlich einen Gabentisch machen.

Abgeben, miteinander teilen, ist sehr wichtig. Diesen Gedanken sollten wir gerade an Erntedank aufgreifen. Sehr schön lässt sich das an einem Fladenbrot verdeutlichen, das wir am Tisch weiterreichen und miteinander teilen.

Wollen wir keinen Obstsalat zubereiten, so können wir aus klein geschnittenem Obst, das wir auf Schaschlikspieße geben, kleine Fruchtspieße herstellen.

Bastelideen

Tischschmuck

Der Tisch kann an diesem Tag sehr festlich geschmückt sein. Einiges davon sollte bereits vorbereitet sein, anderes kann gebastelt werden. Tischkarten können passend zum Thema gestaltet werden, indem sie mit Äpfeln, Birnen, Bananen, Sonne, Mond und Sternen beklebt werden, die wir zuvor aus Tonkarton ausgeschnitten haben.

Auf die Rückseite der Tischkarten schreiben wir „Alles, alles kommt von dir, guter Gott, hab Dank dafür". Für einen Serviettenring schneiden wir einen Apfel oder eine Sonne aus, in dessen Mitte wir einen Halbkreis schneide, der etwa so groß wie die Hälfte eines 2-Euro-Stücks ist. Nun falten wir den Serviettenring in der Mitte. Anschließend beschriften wir die Serviettenringe mit den jeweiligen Namen. Den Tischschmuck darf entweder jeder als Erinnerung mit nach Hause nehmen, oder wir bewahren ihn auf, um damit weitere gemeinsame Essen festlich zu gestalten.

Gebetswürfel mit Tischgebeten

Aus Tonkarton, den wir zuvor mit Tischgebeten beschriften, lässt sich mit Hilfe einer entsprechenden Schablone (s. Seite 200) einen Gebetswürfel basteln. Leichter ist es, einen Styroporwürfel zu kaufen und diesen mit den Gebeten zu bekleben, die wir zuvor auf Tonkarton geschrieben haben. Der Würfel ist bei Kindern sehr beliebt, das Tischgebet kann auf diese Weise dem Kind spielerisch vermittelt werden.

Gebetshand mit Tischgebeten

Aus Tonkarton schneiden wir eine große Hand aus und beschriften dann jeden Finger mit einem Gebet.

Gebetsschachtel mit Tischgebeten

Für die Gebetsschachtel werden vier leere Streichholzschachteln benötigt. Nun beziehen wir jede einzelne Schachtel mit Buntpapier. Für den Griff der Schachteln benötigen wir Holzperlen. Wir fädeln eine Perle auf einen Faden, ziehen ihn durch zwei Löcher in der Mitte der Schachtelvorderseite und verknoten dann die Enden. Aus Pappe schneiden wir ein Quadrat in der Größe von 9 x 9 cm aus.
Nun werden die vier Schachteln auf das Kartonquadrat geklebt. Auf kleine Zettel schreiben wir nun vier Tischgebete. Dann legen wir die gefalteten Zettel in die einzelnen Schachteln.

Gebet

Guter Gott,
du tränkst die Blumen und das Gras –
Wiesen und Felder machst du nass.

Wir leiden niemals Not -
von dir allein kommt unser Brot.
Alles, alles kommt von dir,
guter Gott, hab Dank dafür.

Segen

Der Herr, er selbst rief dich ins Leben,
er selbst möge dir seinen Segen geben.
Er möge für dich sorgen
dein ganzes Leben -
heut und morgen.
Er möge segnen all dein Essen,
er möge segnen dein Zuhause -
und möge wie Sonne, Mond und Sterne
dein Leben erleuchten tagein und tagaus.
Der Herr segne dein ganzes Leben
und wird es auch mal Stürme geben
und Trauer dein Leben durchdringen,
sein Segen hilft dir in allen Dingen.
Sein Segen ist wie die Sonne, so warm,
mit seinem Segen nimmt er dich liebend in seinen Arm.

Kopiervorlage
„Gebetswürfel mit Tischgebeten"

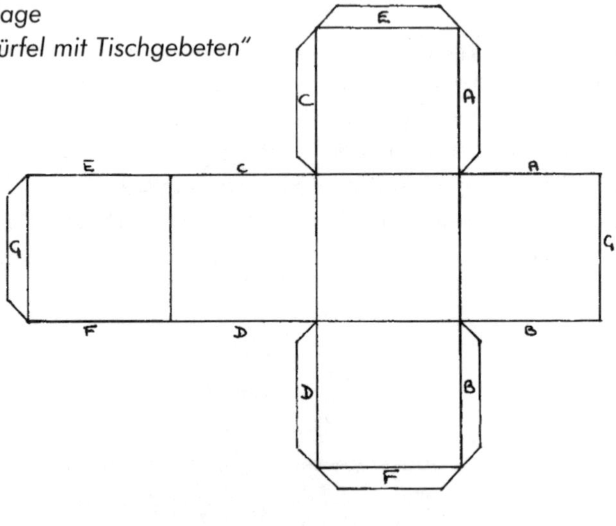

26. Jesus, das Licht der Welt (Martinstag)

Bibeltext

Matthäus 5,13. Licht auf dem Leuchter

Bewegungsspiel „Licht sehe ich jetzt nicht"

Licht sehe ich jetzt nicht.	*Augen zuhalten*
Ohne Licht ist alles dunkel.	*Kopf schütteln*
Mit Licht ist alles hell.	*Augen nicht mehr zuhalten*
Ohne Licht	*Augen zuhalten*
erkenne ich meinen Weg nicht.	*Kopf schütteln*
Licht muss her, sonst weiß ich nicht weiter!	
Jesus	*Augen immer noch zuhalten und nach oben zeigen*
ist das Licht der Welt,	*Augen nicht mehr zuhalten*
Jesus ist der, der unser Leben erhellt.	*nach oben zeigen*
Denn ohne Jesus wär kein Licht in unserem Leben da,	*nach oben zeigen*
wir freuen uns so, darum klatschen wir froh	*laut klatschen*
und rufen „hurra!",	*„hurra!" rufen*
mit Jesus ist Licht da!	*„Licht ist da!" rufen*

Lieder

<u>Es strahlt ein heller Sonnenstrahl (Melodie: Es tanzt ein Bi-Ba-Butzemann)</u>

1. Es strahlt ein heller Sonnenstrahl
zu uns vom Himmel her (dideldum).
Es strahlt ein heller Sonnenstrahl
zu uns vom Himmel her.
Er strahlt für dich und strahlt für mich.
Ich freue mich und du freust dich.
Es strahlt ein heller Sonnenstrahl
zu uns vom Himmel her.

2. Es lacht ein heller Sonnenstrahl
zu uns vom Himmel her (dideldum).
Es lacht ein heller Sonnenstrahl

zu uns vom Himmel her.
Er lacht für dich und lacht für mich.
Ich freue mich und du freust dich.
Es lacht ein heller Sonnenstrahl
zu uns vom Himmel her.

3. Es tanzt ein heller Sonnenstrahl
zu uns vom Himmel her (dideldum).
Es tanzt ein heller Sonnenstrahl
zu uns vom Himmel her.
Er tanzt für dich und tanzt für mich.
Ich freue mich und du freust dich.
Es tanzt ein heller Sonnenstrahl
zu uns vom Himmel her.

weitere Lieder

Falls wir gemeinsam mit unserer Gruppe an einem Laternenumzug teilnehmen, sollten wir uns erkundigen, welche Lieder gesungen werden, um diese dann einzustudieren.

Licht in der Laterne
Heller als der Mond
Nun sagen wir uns allen gute Nacht
Ich geh mit meiner Laterne
Wir woll´n zusammen gehn
Ich hab eine schöne Laterne

Bastelideen

Martinslaterne

Um Martinslaternen zu basteln, benötigen wir eine runde Käseschachtel. In den oberen Rand der Käseschachtel bohren wir einen Drahtbügel. Zwischen Boden und Deckel wird ein Streifen Pergamentpapier (Architektenpapier) geklebt. Es gibt viele verschiedene Möglichkeiten, dieses Papier zu verzieren:

Plakafarbe: Das Papier kann mit Plakafarbe bemalt oder bedruckt werden. Zum Bedrucken eignen sich besonders gut kleine Schaumstoffschwämmchen, die wir mit Hilfe eines Pinsels mit Farbe bestrei-

chen oder in Farbe tauchen. Beim Drucken können auch sehr kleine Kinder schon mithelfen.
Transparentpapier: Transparentpapier wird von den Kindern in kleine Schnipsel gerissen. Mit Tapetenkleister kleben wir die Schnipsel nun auf das Pergamentpapier. Größere Kinder können aus Transparentpapier hübsche Motive ausschneiden. Wie wäre es zum Beispiel mit Sonne, Mond und Sterne? Falls der Bogen durch den vielen Kleister zu wellig geworden ist, kann er nach dem Trocknen gebügelt werden.
Gepresste Blumen, Gräser oder Blätter: Wenn wir Blumen, Gräser oder Blätter aufkleben, sollten wir diese mit durchsichtiger Folie überkleben, um sie vor dem Abbröckeln zu schützen.

Spiele

Gegenstände oder Personen erkennen
Die Kinder müssen mit verbundenen Augen Gegenstände erkennen. Es sollte sich hierbei um einfache Gegenstände handeln, die den Kindern vertraut sind. Sind die Kinder schon etwas älter, können wir versuchen, ob sie mit verbundenen Augen Personen erkennen.

Gebet

Guter Gott,
mit deiner Liebe erleuchtest du unser Leben.
Immer willst du uns deine Liebe geben.
Darüber können wir froh und glücklich sein,
denn du bist uns nah,
denn du bist immer für uns da.
An deiner Seite sind wir nie mehr allein.

Segen

Gott, der Herr, erleuchte dein Leben mit seinem Licht.
Fürchte dich nicht, denn Gott segnet dein ganzes Leben –
möge es auch dunkle Stunden geben,
so ist er für dich da
und mit seiner Liebe dir nah.

Schablonen und Kopiervorlagen

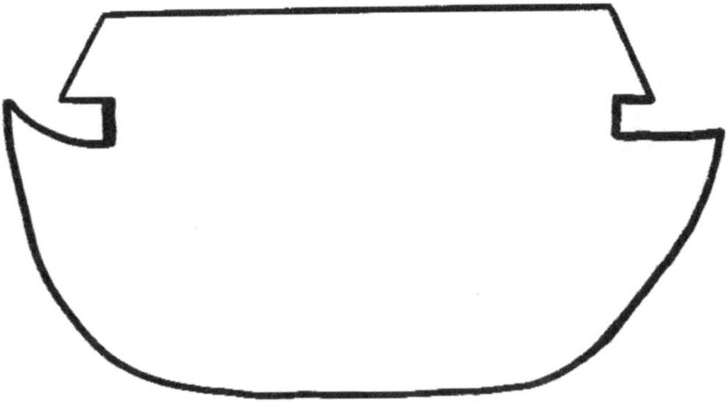

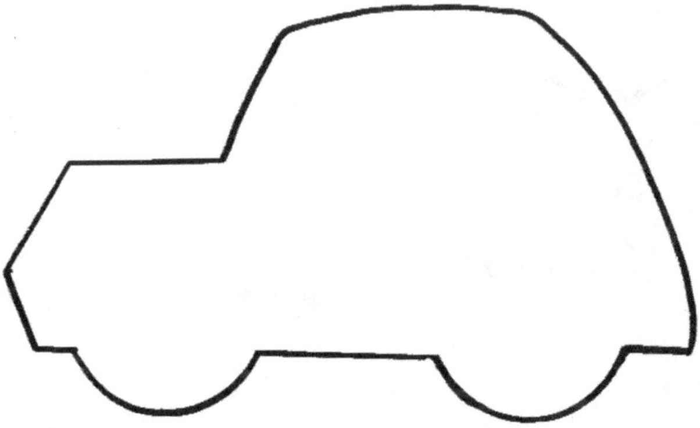